U0136870
華志文化

華志文化

人生必讀的
勵志經典

走過經典感受大師的震憾
一口氣讀完五部勵志經典

有許多人社交方面顯得低能，影響事業的發展與生活。
為何會這樣？因為他沒掌握社交的關鍵道理。

珍藏版

李津／編著

第一卷：心態左右一生，無論情況好壞，都要抱著積極的態度。
第二卷：瞭解對方的性格，建立良好的人際關係有很大的幫助。
第三卷：年輕人首要是鍛造一生的資本，養成勤勞刻苦好習慣。
第四卷：成功者之所以成功，是因為他們心裡有著良好的習慣。
第五卷：在現實生活中，講話藝術，也顯得是一門有用的學問。

人與人之間只有很小的差異，但是這種很小的差異卻造成了巨大的差異，這種很小的差異就是你所具備的心態是積極的還是消極的，巨大的差異就是成功和失敗的差異！差異，但是這種很小的差異卻造成了巨大的差異，這種很小的差異就是你所具備的心態是積極的還是消極的，巨大的差異就是成功和失敗的差異！

前言：人生必讀的勵志經典

美國成功學大師拿破崙．希爾說：「人與人之間只有很小的差異，但是這種很小的差異卻造成了巨大的差異，這種很小的差異就是你所具備的心態是積極的還是消極的，巨大的差異就是成功和失敗的差異！」

而《成功》雜誌的創辦人奧里森．馬登更被公認為美國成功學的啟蒙人和最偉大的成功勵志導師。

他所撰寫的《一生的資本》在全世界廣為流傳。面對世人的頹廢、無助、困頓、孤獨、憂慮、貧窮、失敗，他們為無數人指明了一條條通向光明、幸福、成功的大路！

他們的名字在人類文明進步的史冊上閃耀著光輝，他們的思想成為億萬人渴望幸福和成功者心中的明燈。在此，我們集數位勵志大師的思想，同時從其經典著作中挑選出其精華內容，編譯成冊，卑供更多渴望成功的人士學習。

全書共分為五卷，每卷一個主題，分別是心態、性格、資本、習慣、講話，這裏面無不集合了大師們思想的精髓！

生命可以價值極高，也可以一無是處，隨你怎麼選擇。人的價值是由自己決定的。這一代最偉大的發現是，人類若改變本身的心態，就能使生活本身發生變

革。你的成就大小，往往不會超出你的信心的大小。因此成功的先決條件就是擁有良好的心態，否則，就會大大減弱自己的生命力。這也是第一卷心態篇要獻給讀者的內容。

在日復一日庸庸碌碌的生活之外，如果能試著掌握自己性格上的特徵、優缺點、長短處，以此作為磨練人格、豐富品性的指標，從而體會待人處事上有待努力的目標和具體方法，生活不是更富樂趣與意義嗎？

第一卷：瞭解對方的性格，對與其建立良好的人際關係有著很大的幫助。孫子兵法中有云：「知己知彼，百戰不殆。」以今天的環境來解釋則是「洞察對方的性格、瞭解自己的性格，則人際關係順暢無比」。

第二卷性格篇便是採用深入淺出的筆法論述，使讀者看後能確實覺得有所幫助，從而成為一名靈活運用性格學的「專家」。

第三卷：年輕人的首要問題是鍛造「一生的資本」，任何人只要養成了勤勞刻苦的工作習慣，具有誠實信用的可靠人格，採取合理明智的做事方式，並透過不斷激發自己潛能的心理訓練，就一定能夠取得成功。

第四卷：成功者之所以成功，不是因為他們有著多麼高的天賦和超常的才能，而是因為他們有著良好的習慣，並且善於用良好的習慣來提高自己的工作效率，進而提高自己的生活品質。他們發現，好習慣能改變命運，使自己過上富足

的生活；好習慣能使身心健康，鄰里和睦，家庭美滿幸福。這一切都來源於好習慣的力量。

第五卷：有了成功的良好習慣，還只是具備了成功的一個因素，在現實生活中，講話藝術也顯得尤為重要。因為說話太直、太過等有失分寸的原因，導致了許多不該有的損失；因為辦事太死板、太亂等無視尺度的原因，許多本該成功的事馬上化為烏有……所以，說話辦事得有分寸意識。第五卷內容夾敘夾議，透徹明瞭，讀後能給人一種恍然大悟的感覺！

有許多才能特別突出的人，在社交方面卻顯得像個低能兒，嚴重影響事業的發展與生活的幸福。為什麼會這樣？因為有一些關於社交的關鍵道理他沒有掌握。

編者李津謹識

成功者之所以成功，不是因為他們有著多麼高的天賦和超常的才能，而是因為他們有著良好的習慣。

目錄：人生必讀的勵志經典

第五卷 說話的藝術

愛默生說：「我最需要的，是一種能夠使我盡我所能的人。」也就是說，「盡我所能」是我自己的事。

第一卷／心態，左右你的一生

第一課：積極心態有利於改變命運

第二課：積極心態有利於建立自信

第三課：積極心態有利於重塑自我

第四課：積極心態有利於調整情緒

第五課：積極心態有利於正確思考

第六課：積極心態有利於實現願望

第七課：積極心態有利於衝出逆境

第一卷 心態，左右你的一生

第一課：積極心態有利於改變命運

» 當你有了生活目標時，下意識心理會把強大的激勵因素加到你的意識心理上，使你在危急情況中能夠生存下去。

一 積極的心態創造生命的奇蹟

積極的心態會促進你的身心健康，延長你的壽命。而消極的心態一定會逐漸破壞你的身心健康，減少你的壽命。有些人由於適當地運用他的積極心態，而挽救了親人的生命。下面的一件事就可證明這一點。

醫生說：「這孩子不能活了。」

他們所說的孩子是個剛生下來兩天的嬰兒。

「這個孩子一定會活下去！」父親回答道。這位父親具有積極的心態——他有信心——他相信祈禱，更相信行動。

他開始行動起來了！

他委託一位小兒科醫生照顧這個孩子，這位醫生也有積極的心態，作為一

名醫生，以他的經驗，自然給每一種生理缺點都提供了一個補償和指導。這孩子最後確實活下來了。

現在正是你發展積極心態的時候。要為任何可能發生的緊急情況而做好準備，確立一個生活目標。記住：當你有了生活目標時，下意識心理會把強大的激勵因素加到你的意識心理上，使你在危急情況中能夠生存下去。

二 有夢想的人才能改變命運

一般而言，人生中的許多事情我們是能夠做到的，只是我們不知道自己能夠做到；但如果我們堅持前進，就能做到。

湯姆．鄧普西就是一個好例子。他生下來的時候只有半隻左腳和一隻畸形的右手，父母從不讓他因為自己的殘疾而感到不安。結果，他能做到任何健全男孩所能做的事：如果童子軍團行軍十里，湯姆也同樣可以走完十里。

後來，他學踢橄欖球。他發現，自己能把球踢比在一起玩的男孩子都遠。他請人為他專門設計一隻鞋子，參加了踢球測驗，並且得到了衝鋒隊的一份合約。

但是教練卻盡量婉轉地告訴他，說他「不具備做職業橄欖球員的條件」，促請他去試試其他的事業。最後他申請加入新奧爾良聖徒球隊，並且請求教練給他一次機會。教練雖然心存懷疑，但是看到這個男孩這麼自信，對他有了好感，因

此就收下了他。

兩個星期之後，教練對他的好感加深了，因為他在一次友誼賽中踢出了五十五碼遠並且為本隊取得了分數。這使他獲得了專為聖徒隊踢球的工作，而且在那一季中為他的球隊取得了九十九分。

他一生中最偉大的時刻到來了。那天，球場上坐了六萬六千名球迷。球是在二十八碼線上，比賽只剩下了幾秒鐘。這時球隊把球推進到四十五碼線上。「鄧普西，進場踢球。」教練大聲說。

當湯姆進場時，他知道他的隊距離得分線有五十五碼遠，那是由巴第摩爾雄馬隊的畢特．瑞奇踢出來的。

球傳接得很好，鄧普西一腳全力踢在球身上，球筆直地前進，但是踢得夠遠嗎？六萬六千名球迷屏氣觀看，球在球門橫欄之上幾英寸的地方越過，接著終端得分線上的裁判舉起了雙手，表示得了三分，湯姆隊以十九比十七獲勝。球迷狂呼亂叫，為踢得最遠的一球而興奮，因為這是只有半隻腳和一隻畸形手的球員踢出來的！

「真令人難以相信！」有人感歎道，但是鄧普西只是微笑。他想起他的父母，他們一直告訴他的是他能做什麼，而不是他不能做什麼，他之所以創造出這麼了不起的紀錄，正如他自己說的：「他們從來沒有告訴我，我有什麼不能

做的。」

這個生動的事例告訴我們：永遠也不要消極地認定什麼事情是自己不可能做到的。首先你要認為自己能，要去嘗試，再嘗試，最後你就會發現你確實能。

我們當中的許多人認為自己不是有經驗的失敗者就是無經驗的勝利者。其實，我們在有經驗的失敗者與無經驗的勝利者之間作抉擇，我們可以成為勝利者，獲勝的經驗愈多，就愈具備勝利者的特徵。這不但適用於球隊、個人，也適用於你。

當我們全力以赴時，不管結果如何，我們都是贏了。因為全力以赴所帶來的個人滿足，使我們都成為贏家。

「盡你最大的努力做這件事，比你做得好還重要。」

潛能，是一種對外界刺激感應很敏銳的東西；而且它一旦被喚醒，仍需要不斷地教育和鼓勵，誠如有音樂、藝術天賦的人必須注意培養和堅持一樣。否則，潛能和才能，會像鮮花一樣，容易枯萎或凋零。

假使我們有潛能而不想去實現它，那麼我們的潛能將不能保持一種銳利而堅定的狀態，我們的天賦也將變得遲鈍而失去能力。

愛默生說：「我最需要的，是一種能夠使我盡我所能的人。」也就是說，「盡我所能」是我自己的事。

不是盡拿破崙或林肯所能，而是盡我自己的所能。我能夠在我的生命中貢獻出最好的、抑或最壞的，能夠運用我的能力達到10％、15％、25％，抑或90％，對於世界、自己，都將產生非常不同的結果。

一般人常以為潛能是天生的，是無法被我們加以改進的。但是實際上，大多數人的潛能，都是被人喚醒，或是受刺激而突發的。

我們之中大多數的人都具有非凡的潛在能力，但這種潛能在大部分時間裏都處在酣睡蟄伏狀態，它一旦被喚醒，就會做出許多不凡的事情來。

三 貧苦造就偉人

英國著名作家溫蓋特在遊歷美國時說：「這是個很奇怪的現象，偌大的一個紐約市竟出不了幾個名人！如今居住在紐約的名人中，竟有90％以上都是從農村來的。這種情況不僅是紐約如此，像倫敦、巴黎、柏林這樣的大城市，也是如此。」甚至，「美國的許多偉人多半誕生在黑暗的小茅屋中」。

這個說法對嗎？我們可以舉出幾個例子來證明，譬如林肯、格蘭特、加菲爾德、格里利、惠蒂埃、克萊門斯、沃納梅克、洛克菲勒、克魯斯．菲爾德、比徹、愛迪生和威斯汀豪斯，這些人都是出生在窮苦的農村，但他們在童年期間奠定了智慧、品格、體力的基礎，後來都成了社會上的名人與領袖。

關於這個問題，一位作家曾經作過一個很有趣的統計，他蒐集了四十位著名成功人士的資料。他發現，在四十人中，生於農村的有二十二人，生於小市鎮的有十人，而生於都市中的卻只有八人。那些在農村出生的二十二個人，其童年生活絕大部分都是在農村裏度過的，只有三人是從小被帶進小市鎮裏，另外一人從小被帶進大都市裡。

瑟洛．威德是一位具有五十七年報業經驗的資深人士。他堅強、敏銳、和藹、機智，具有強壯的體格。在紐約州，他時常能影響當地公共政策的制訂。他給我們講述了一段有關他少年時代的傳奇故事。

「我無法確定在卡茨基爾上了多長時間的學，也許不到一年，但最多不超過一年半。那時，我只有五六歲。在那麼小的時候，我就感到家裏非常貧窮，因此，我就努力去找一些事做，希望能夠養活自己。

「我的第一個工作是在一家製糖廠。對於這份工作，我非常地投入。現在，每當回憶起在槭樹林中採糖汁時度過的日子，我仍感到非常愉快。那段快樂時光的唯一不足就是沒有鞋穿。當時冬天雪非常厚，所以我感到沒有鞋有些麻煩。我就在腳上裹上破舊的毯子，才感覺好一些。然後，我還在樹林中割樹，收集糖漿。春天到來以後，積雪開始融化，大地開始從雪中露出的時候，我才將那些腳上的舊毯子扔掉，赤著腳去做我的工作。

「對於製槭樹糖漿的童工來說，還有許多的空閒時間。如果能夠找到書的話，我就利用這些時間來讀書。但是，那時的農民除了《聖經》之外很少有書。我只能想盡辦法地去借書。

有一次，我聽說三英里外的一個人從更遠的一個人那裏借了一本書，我便去了。大路上有一些地方的雪已經化了，我就在那裏停下來暖暖腳。大路上偶爾也有一段比較長的路沒有雪，走在那裏對我來說是一種莫大的享受。那本書正好還在他家裏，我對他許諾一定好好保護這本書，不把它弄壞、弄髒。於是，那個善良的人同意把它借給我。在回家的路上，我抱著這本書，高興得竟然忘了我正赤著腳踩在雪裏。

是的，艱難困苦和人世滄桑是最為嚴厲而又最為崇高的老師。人要獲得深邃的思想，或者要取得巨大的成功，要有一段窮困落魄的記憶。幸福城邦養育的人往往輕浮淺薄，而不幸的土地造就的子孫才會深刻、嚴謹、堅忍而執著。

四 多給心靈充充電

願不願意積極生活，是你個人的選擇。一旦做了積極的決定，即意味著日常生活中，俯拾即是機會。每一次經驗都是全新的開始，可用不同的想法和感覺去體會。面對生活中源源不絕的挑戰，在取得主動的地位後，便能鎮定自若地調兵遣將，決定應對的方式和態度。

你是你自己的指揮官，沒有任何人能命令，或以他的意志驅使你。一切主動權皆操之在己。那些擁有積極心態的人，是積極主動的，他們不僅有選擇、拒絕的能力，而且能夠擔負自己的責任，塑造自己的未來，發揮人性的光輝潛能，也只有這種人才能成為愛因斯坦、摩根、洛克菲勒。

而那些具有消極心態的人則是被動消極的，他們的一生碌碌無為，受消極潛意識和本能的盲目驅使，成為一個機械的而非積極主動的人，注定將一無所成。

積極的態度也會改進對自己的認識和評價。慢慢的，你會愈來愈喜歡自己，並且逐漸清楚自己的目標，學會安排眼前的生活。一旦進入這樣的境界，便能獲得無限的平靜與成就感。

跨過這些階段後，所處的環境和人際關係將會呈現另一番風貌，這是因為關注這些事的心態已經不同。從此，無論是對自己還是對與其他人的交往，由於不再懷抱特定的想法，也不再期待他人的回報，彼此間的互動關係將更為自然。

人潛意識的作用是很大的。但是，如果對潛意識過於放任，不去管理，便會氾濫成災，而且會使你的潛意識變得懶惰、消極，從而使潛能發揮不出來。事實上，潛能是沈睡在潛意識裏的，只要用行動，用信念去刺激潛意識，你的潛能就會像泉水一樣，汩汩流出。

謝利曼年輕時在公司任職，有了經濟基礎以後便向敏娜求婚，不料敏娜早已和別人訂婚。這是他一生中不能挽回的小失敗。他便積極從事貿易，更加努力地研究語言學，為發掘特洛伊遺蹟而日夜工作。他在經商貿易中獲得大筆盈餘，事業蒸蒸日上，不久便成為一個大富翁。但他不因此稍有懈怠，反而更勤奮地學習古希臘和拉丁語，為實現其少年時代之夢想全力以赴。他說：「一八六〇年我所擁有的財富已經無比豐厚，表示我從少年時一直夢想得到的果實已經成熟了。回想經商之初，生活雖然忙碌緊張，卻一刻也不曾忘記特洛伊遺蹟，我有決心達成目標。三十多年來，對父親和敏娜發過的誓言，不久之後將會兌現。

「過去致力於累積財富，以作為實現美夢的基礎，現在金錢財力已不成問題，目標已然近在眼前，所有的血汗將不會白流。對於經商貿易我將不再多費心力，我將把後半輩子投入使美夢成真的行動中。

「要下這樣的決心，所遭遇的困難簡直一言難盡，雖然一次又一次遭受失敗的打擊，但我總是咬緊牙關去克服，盼望早日達成目標，完成我用一生作賭注的偉大理想。」

他終於成功了，特洛伊遺蹟被挖掘出土，對世界考古學做出了輝煌的貢獻。

謝利曼在邁向發掘遺蹟的人生路上，遭到許多人的輕視和譏笑，說他像小孩

子般喜歡追求遙不可及的幻想，平白把大筆鈔票丟到臭水溝裏，簡直是個大傻瓜。但是謝利曼仍舊不惜金錢、不計代價、不怕失敗、下定決心，他為自己這份執著而驕傲。

第二課：積極心態有利於建立自信

» 成功者從不模仿別人，他們也不為大多數人的意見所左右，他們自己進行思考和創造。

一 走自己的路

成功者從不模仿別人，他們也不為大多數人的意見所左右，他們自己進行思考和創造。他們常常自己制訂計劃並付諸行動。大多數人都只是人口統計中的普通樣本而已，是他們組成了芸芸眾生。但是，卓爾不群又能完全自立的人實在少得可憐。

你看到的每個人幾乎都依賴於某些東西或某個人。有些人靠他們的錢，有些人靠朋友，有些人靠衣裝，有些人靠門第，有些人靠社會地位。但是，我們很少見到一個能完全靠自己的雙腳堂堂正正地立身於社會的人，他靠自己的美德而生

活，完全自立，果敢有為。當我們成人以後，我們就不能再原諒那些讓我們依靠的人了。

因為我們知道我們生來的權利就這樣被剝奪了。當爸爸教小孩子怎樣去做一件事時，小孩子總是很不以為然。但是，如果是他親自做成了這件事，他會欣喜若狂。這種征服的新感覺是一種新增的能力，會助長一個人的自信和自尊。

大學教育並不能提高一個人的實踐能力，它只是給人提供了一些工具。只有透過實踐，你才能學會熟練地使用它們。是「艱難困苦」這所學校磨練了人的意志，使人奠定了成功的資本。

亨利．比奇講了他小時候學習自立的故事：

「我被叫到黑板前，心裏偏偏不安，抱怨個沒完。『這一課必須得學。』我的老師聲音很平靜卻相當有力。他從來不認可一切解釋和藉口。他總是說：『我要的是那個問題，我不想聽到你沒能回答那個問題的任何理由。』」

『我學習了兩個小時。』

『那對我沒有任何意義。我要的是你背下這一課。你可以不必去學，或者你可以學上十個小時，隨你的便。但我要的是你背下這一課。』

「這對一個嫩小子來講太難了，但我從中獲得了益處。不到一個月的時間，我獲得了巨大的勇氣和獨立思考的能力，我不再害怕背課文了。

斬釘截鐵的『不對！』阻斷了我的背書進程。

「一天，他那冷漠平靜的聲音在大庭廣眾之下落在了我頭上：『不對！』

「我猶豫了一下，於是從頭開始背，當我又背到相同的地方時，又是一聲

「『下一個！』」

「我坐了下來，覺得莫名其妙。

「那個同學也被『不對』聲打斷了，但他繼續往下背，直到背完為止。當他坐下時，得到的評語是『非常好』」。

「『為什麼？』」我埋怨道，『我背的和他一樣，你卻說不對！』」

「『你為什麼不說對並且堅持往下背呢？僅僅瞭解課文還不夠，你必須深信你瞭解它。除非你胸有成竹，否則你什麼都沒學到。如果全世界都說不，你要做的就是說是，證明給人看。』」

一位老師給學生的最好教益就是訓練他依靠自己信賴自己的能力。如果一個人年輕時不學會自立，他就會成為一個弱者，一個失敗者。

08 鋒利的斧刃來自爐火

斯巴昆說：「有許多人一生的偉大，來自他們所經歷的大困難。」精良的斧頭，鋒利的斧刃是從爐火的鍛鍊與磨削中得來的。很多人，具備「大有作為」的

資質，由於一生中沒有同「逆境」搏鬥的機會，沒有充分的「困難」磨練，足以刺激起其內在的潛伏能力的發動，而終生被埋沒。

逆境不是我們的仇敵，實在是恩人。逆境可以鍛練我們「克服逆境」的種種能力。森林中的大樹，不和暴風猛雨搏擊過千百回，樹幹便不會長得結實。人不遭遇種種逆境，他的人格、本領，也不會長得結實的。一切的磨難、憂苦與悲哀，都是足以助長我們、鍛練我們的。

被人譽為「樂聖」的德國作曲家貝多芬，一生遭到數不清的磨難困苦，幾乎逼得他行乞，甚至使他耳聾，幾乎毀掉了他的事業。貝多芬並未一蹶不振，而是向「命運」挑戰！貝多芬在兩耳失聰，生活最悲苦的時候，寫出了他最偉大的樂曲。正如他在給一位公爵的信中所說：「公爵，你之所以成為公爵，只是由於偶然的出身，而我成為貝多芬，則是靠我自己。」

過去，成功人士常被人視為天才，或是說他們有奇遇。在現實世界中自詡為天才的人，往往會是聰明反被聰明誤，不然就是禁不起逆境的考驗，以致一蹶不振。擁有財富並非出於天才，只是執著而已。

3 擁有好心情

擁有財富與逆境常是一體之兩面，成功人士也是遭遇逆境最多的人。

有句諺語說得很好：只要你有好心情，就不怕沒有愛情！

為什麼？因為愛情也是一種心情，其中的甜美應納入「好心情」的系列！好心情的外延遠遠大於愛情，既然如此，當一個人擁有了好心情時，就的確不必因為沒有愛情而長吁短歎。

擺脫苦惱有三種方式：轉移、排遣與昇華。所謂轉移，就是努力培養新的興趣，用新的興趣取代原來的那份煩惱；所謂排遣，就是把心中的煩惱一股腦地傾吐出來，絕不憋在心裏；所謂昇華，就是清醒地認定苦惱無用，與其苦惱，不如奮鬥崛起！

四 用樂觀的態度面對失敗

在自我補償的過程中，必須正確面對失敗。人生之路，一帆風順者少，曲折坎坷者多。成功是由無數次失敗構成的。

美國通用電氣公司創始人華特所說：「通向成功的路是把你失敗的次數增加一倍。」但失敗對人畢竟是一種「負面刺激」，總會使人產生不愉快、沮喪、自卑。那麼，如何面對、如何自我解脫就成為能否戰勝自卑、走向自信的關鍵。

面對挫折和失敗，唯有樂觀積極的心態，才是正確的選擇。

其一，做到堅忍不拔，不因挫折而放棄追求；其二，注意調整、降低原先脫

離實際的「目標」，及時改變策略；其三，用「局部成功」來激勵自己；其四，採用自我心理調適法，提高心理承受能力。

要使自己不成為「經常的失敗者」，就要善於挖掘、利用自身的「資源」。雖然有時個體不能改變「環境」的「安排」，但誰也無法剝奪其作為「自我主人」的權力。應該說當今社會已大大增加了這方面的發展機遇，只要敢於嘗試，勇於拚搏，是一定會有所作為的。

五 笑看天下幾多愁

人生歡喜多少事，笑看天下幾多愁。

我們從小就在玩遊戲。遊戲的本身，就是在不斷地戰勝挫折與失敗中獲取一種刺激與歡樂。假如沒有挫折與失敗，再好的遊戲也會索然無味。人生就如一場遊戲，但我們作為其中的玩家，真能在現實中玩遊戲嗎？人們玩遊戲時的心態是尋找娛樂，是帶著挑戰的心情去面對遊戲中的困難與挫折的。你面對強大的對手，不斷地受傷受挫，但越是如此，你越發興致十足。

試想，倘若人們在生活中，也保有這麼一種積極向上的遊戲心態，那麼失敗與挫折也就不會顯得那般沈重和壓抑了。既然如此，我們為何不能將挫折變成一種遊戲，以便讓痛苦沮喪的心態超然快活起來呢？其實二者並無差別，只是人們

在遊戲中身心放鬆，而在生活中過於緊張罷了。

在遊戲中你可以體味在面對和戰勝挫折時的歡樂。同樣，只有你將生活中的挫折視為遊戲，才會從中體味積極人生的快樂……

下面這個童真無忌的畫面，不知會令你想到了什麼？

一個春光明媚的日子，在陽光普照的公園裏，許多小孩正在快樂地遊戲，其中一個小女孩不知絆到了什麼東西，突然摔倒了，並開始哭泣。這時，旁邊有一位小男孩立即跑過來，別人都以為這個小男孩會伸手把摔倒的小女孩拉起來或安慰鼓勵她站起來。但出乎意料的是，這個小男孩竟在哭泣著的小女孩身邊故意也摔了一跤，同時一邊看著小女孩一邊笑個不停。淚流滿面的小女孩看到這幅情景，也覺得十分可笑，於是破涕為笑，兩人玩耍在一起樂不可支。

六　真誠的魅力

要使他人喜歡自己，首先你要喜歡他人。這種喜歡必須是真誠的、發自內心的，絕不能另有所圖。

要做到這一點並非易事。總有一些人感到喜歡別人比較難，但是只要我們學著真誠地喜愛別人，對別人產生好感，一切就會越來越容易。嘴上去說「我喜歡別人」是沒用的。它說起來容易做起來難。「喜歡別人」是一種生活方式，也是

一種行之有素的思想模式。能夠做到無條件地喜歡別人，便是一種積極的心態。我們在日常生活中應以一種積極的心態對待別人而非消極的心態。

一個人如果只關心自己，他是一個自私的人，是一個不被人喜歡的人。要成為受人尊敬的人，必須要將注意力從自己身上轉移到別人身上。哲學家威廉・詹姆斯說：「人性中最強烈的欲望便是希望得到他人的敬慕。」

這句話對於「別人」也同樣適用，他人希望得到你的敬慕。如果你過度地考慮自己，就沒有精力和時間去關心和照顧別人。別人得不到你的關心，自然也不會去關心你。

要真正地去關心別人、愛護別人，激勵他們展現自己最好的一面。正如不求報酬做善事但最終有所回報一樣，別人也會加倍地接近你、關心你、愛你。

如果你幫助你的朋友，你必須透過表面現象，看清他的真面貌。幫助他達到他內心中所期望的境界，你就可以贏得他的尊敬和信賴。如果在逆境中，你能對一個人表現出理解和關心，不僅是你幫助的人，其他人同樣會對你非常敬重。

一個人的思想是由行動和語言來表示的，行動有時比語言更直接。大多數人只關心他人的語言，而沒注意到行動也是一種語言，有時會使人與人之間的溝通受到阻礙。

有許多人不知道如何傾聽別人的談話。傾聽的藝術是受人喜歡的祕訣之一，

當別人有事來找我們時，我們常常說的太多。我們總是提出太多的建議，其實大多數時候我們最需要的是沈默、耐心、寬容和愛護。受尊敬和受人歡迎的人擁有一種特質，他們懂得如何使別人接受自己。誰做到這一點，誰就能獲得別人的喜愛。所以過分以自己為中心的人往往不快樂。

如果你經常關心別人，並認為他們很重要，這無疑會增加你獲得成功和幸福的機率，別人會因此而喜歡你。

你必須向他們提供一些建設性的幫助，同時要具備與人溝通的技巧。知道如何幫助別人是一門藝術，一個人如果知道該怎麼做的話，他肯定能獲得別人的感情與尊重。

第三課：積極心態有利於重塑自我

» 積極的心態正是我們共有的一個簡單的祕密。

一　跟恐懼說再見

積極的心態是正確的心態，是由正面的特徵所組成的。比如信心、誠實、希望、樂觀、勇氣、進取、慷慨、容忍、機智、誠懇與豐富的常識等等。

而消極的心態的特性都是反面的，它們是消極、悲觀、頹廢的不正確的心理

態度。

在研究成功人士多年以後，我們終於得出了一個結論：認為積極的心態正是我們共有的一個簡單的祕密。

一個星期六的早晨，一個牧師正在為講道詞傷腦筋，他的太太出去買東西了，外面下著雨，小兒子又煩躁不安，無事可做。後來牧師隨手拿起一本舊雜誌，順手翻一翻，看到一張色彩鮮麗的巨幅圖畫，那是一張世界地圖。他於是把這一頁撕下來，把它撕成小片丟到客廳地板上說：

「強尼，你把它拼起來，我就給你兩毛五分錢。」

牧師心想他至少會忙上半天，誰知不到十分鐘，他兒子已經拼好了，牧師真是驚訝萬分，強尼居然這麼快就拼好了。每一片紙頭都整整齊齊地排在一起，整齊得就像那張地圖又恢復了原狀。

「兒子啊，這麼快就拼好啦？」牧師問。

「噢，」強尼說，「很簡單呀！這張地圖的背面有一個人的圖畫。我先把一張紙放在下面，把人的圖畫放在上面拼起來，再放一張紙在拼好的圖上面，然後翻過來就好了。我想，假如人拼得對，地圖也該拼得對才是。」牧師忍不住笑起來，給他一個兩毛五的錢幣，「你把明天講道的題目也給了我了。」他說，「假如一個人是對的，他的世界也是對的。這個故事意義非常深刻。如果

你不滿意自己的環境，想力求改變，則首先應該改變自己。」即「如果你是對的，則你的世界也是對的」。假如你有積極的心態，你四周所有的問題就會迎刃而解。

艾文．班．庫柏是美國最受尊敬的法官之一，但他小時候卻是個懦弱的孩子。

庫柏在密蘇里州聖約瑟夫城一個貧民窟裏長大。他的父親是一個移民，以裁縫為生，收入微薄。為了家裏取暖，庫柏常常拿著一個煤桶，到附近的鐵路去拾煤塊。庫柏為此而感到難堪，他常常從後街溜出溜進，以免被放學的孩子們看見了。

但是，那些孩子時常看見他。特別是有一夥孩子常埋伏在庫柏回家必經的路上，襲擊他，以此取樂。他們常把他的煤渣撒遍街上，使他回家時一直流著眼淚。這樣，庫柏總是生活在或多或少的恐懼和自卑的狀態之中。

我們打破失敗的生活方式總是會發生的。後來庫柏讀了一本書，內心受到了鼓舞，從而在生活中採取了積極的行動。這本書是荷拉修．阿爾芝著的《羅伯特的奮鬥》。

在這本書裏，庫柏讀到了一個像他那樣的少年的奮鬥故事。那個少年遭遇了巨大的不幸。庫柏也希望具有這種勇氣和力量。

這個孩子讀了他所能借到的荷拉修的每一本書。當他讀書的時候，他就進入了主角的角色。整個冬天他都坐在寒冷的廚房裏閱讀勇敢和成功的故事，不知不覺地吸取了積極的心態。在庫柏讀了第一本荷拉修的書之後幾個月，他又到鐵路上去揀煤。隔開一段距離，他看見三個人影在一個房子的後面飛奔。他最初的想法是轉身就跑，但很快他記起了他所欽羨的書中主角的勇敢精神，於是他把煤桶握得更緊，一直向前大步走去，猶如荷拉修書中的一位英雄。

透過運用積極心態，庫柏戰勝了懦弱，戰勝了恐懼，最終成為全美最受尊敬的法官之一。透過運用積極心態，庫柏還取得了比這更大的成就，那就是把隱形護身符翻到了積極心態的一面，最終獲得了成功。

你也可以成為強者

將自己最弱的部分轉化為最強的優勢，這對我們任何人都非常重要。請你大聲地重複這句話，並把它深深地印在腦海中。這絕對是真實的，你可以將最弱的地方轉為最強。

積極的思想能使一個人將自己的弱點視為一種挑戰的機會。你可以將弱點轉為最強的部分。這種轉化的過程有點類似焊接金屬一樣，如果有一片金屬破裂，經過焊接後，它反而比原來的金屬更堅固。這是因為高度的熱力使金屬的分子結

構更為嚴密的緣故。

對於你來講，你想克服的弱點是什麼？恐懼、生氣、傷感、失望、沮喪、酗酒，還是女人？無論是什麼，我可以明確告訴你，它絕對不能永遠打敗你。記住了這一事實，你就可以將最弱的地方轉為最強。

任何人只要願意控制自己的弱點，願意接受積極思想，都能做到這一點。信仰可以大大改變人的生活，新思想可以把舊的壞思想排擠出去。只要有意識地去改變自己才能真正達到目的。「心的變化」實際是指意識的變化。

自我貶低很容易使人自卑，並且自棄。我對此深有體會。

為什麼許多人會深陷於自卑情緒中而痛苦呢？心理學家告訴我們，人類性格中最常見的弱點之一便是他們並「不想要成功」。

沿著這條思路發展下去，他們認為成功是一件危險的事，因為要保持成功的地位，必須付出更多的代價。所以，他們便故意或者無意地強調自己的弱點，顯示出不如他人的樣子。

事實上，每個人的性格中都有優點和弱點。問題是，你所強調的是自己的優點還是弱點？你靠什麼來生存下去？如果著重在弱點方面，你將會愈來愈弱。如果你強調的是優點，你將會愈來愈堅強和自信。這個道理非常簡單易懂。

但是，我們不能將自己的弱點與自我想像的弱點混為一談。學習如何接受自

我是克服弱點的第一步。大多數有自卑感的人總是把注意的焦點放在自我身上，也就是將目光放在弱點上。對不重要的事也以自我為中心來考慮，以為每個人都在注意這些事，其實並不是如此。

許多人經常找出自己性格上的小缺點，自認為這就是缺點，然後又費盡心機，使自己相信，「因為這個弱點，所以不能成功」。要解決這個問題，就必須先瞭解，我們每個人都能成功、快樂和堅強。

所以你必須決定，你打算要突出哪一方面，這一決定權在於你。一旦你選擇突出自己的長處和優點，自卑感便會消失，一種強而有力的能力便會取代你的缺陷及弱點。

三 擁有自信才能成功

據說拿破崙率軍隊作戰時，一支軍隊的戰鬥力，便會增強一倍。原來，軍隊的戰鬥力是基於士兵們對於統帥的敬仰和信心。如果統帥抱著懷疑、猶豫的態度，全軍便會混亂。拿破崙的自信與堅強，使他統率的每個士兵增加了戰鬥力。

如果有堅強的自信，往往能使平凡的男男女女，做出驚人的事業來。膽怯和意志不堅定的人即便有出眾的才幹、優秀的天賦、高尚的性格，也終難成就偉大的事業。

一個人的成就，絕不會超出他自信所能達到的高度。如果拿破崙在率領軍隊越過阿爾卑斯山的時候，只是坐著說：「這件事太困難了。」無疑，拿破崙的軍隊永遠不會越過那座高山。所以，無論做什麼事，堅定不移的自信力，都是達到成功所必需的和最重要的因素。

堅定的自信，便是偉大成功的泉源。不論才幹大小，天資高低，成功都取決於堅定的自信力。相信能做成的事，一定能夠成功。反之，不相信能做成的事，那就絕不會成功。

有一次，一個士兵騎馬給拿破崙送信，由於馬跑得速度太快，在到達目的地之前猛跌了一跤，那馬就此一命嗚呼。拿破崙接到了信後，立刻寫封回信交給那個士兵，吩咐士兵騎自己的馬，火速把回信送去。那個士兵看到那匹強壯的駿馬，身上裝飾得無比華麗，便對拿破崙說：「不，將軍，我這一個平庸的士兵，實在不配騎這匹華美強壯的駿馬。」

拿破崙回答道：「世上沒有一樣東西，是法蘭西士兵所不配享有的。」

世界上到處都有像這個法國士兵一樣的人！他們以為自己的地位太低微，別人所有的種種幸福，是不屬於他們的，以為他們是不配享有的，以為他們是不能與那些偉大人物相提並論的。這種自卑自賤的觀念，往往成為不求上進、自甘墮落的主要原因。

有許多人這樣想：世界上最好的東西，不是他們這一輩子所應享有的。他們認為，生活上的一切快樂，都是留給一些命運的寵兒來享受的。有了這種卑賤的心理後，當然就不會有出人頭地的觀念。許多青年男女，本來可以做大事、立大業，但實際上竟做著小事，過著平庸的生活，原因就在於他們自暴自棄，他們沒有遠大的理想，不具有堅定的自信。

與金錢、權力、出身、親友相比，自信是更有力量的東西，是人們從事任何事業最可靠的資本。自信能排除各種障礙、克服種種困難，能使事業獲得完滿的成功。

有的人最初對自己有一個恰當的估計，自信能夠處處勝利，但是一經挫折，他們卻半途而廢，這是因為自信心不堅定的緣故。所以，光有自信心還不夠，更需使自信心變得堅定，那麼即使遇著挫折，也能不屈不撓，向前進取，絕不會因為一遇困難就退縮。

如果我們去分析研究那些成就偉大事業的卓越人物的人格特質，那麼就可以看出一個特點：這些卓越人物在開始做事之前，總是具有充分信任自己能力的堅強自信心，深信所從事之事業必能成功。這樣，在做事時他們就能付出全部的精力，排除一切艱難險阻，直到勝利。

瑪麗·科萊利說：「如果我是塊泥土，那麼我這塊泥土，也要預備給勇敢的

人來踐踏。」

如果在表情和言行上時時顯露著卑微，每件事情上都不信任自己、不尊重自己，那麼這種人自然得不到別人的尊重。

造物主給予我們巨大的力量，鼓勵我們去從事偉大的事業。而這種力量潛伏在我們的腦海裏，使每個人都具有宏韜偉略，能夠精神不滅、萬古流芳。

四 命運在你自己的手中

對一個人來說，可能發生的最壞的事情莫過於他的腦子裏總認為自己生來就是個不幸的人，命運女神總是跟他過不去。

其實，在我們自己的思想王國之外，根本就沒有什麼命運女神。我們是自己的命運女神，我們自己控制、主宰著自己的命運。

對一個自認為天生就是失敗者的人，你能做什麼呢?成功是不可能來自於這種失敗思想的，就好像玫瑰是不可能來自於長滿荒草的土壤一樣。當一個人非常擔心失敗或貧困時，當他總是想著可能會失敗或貧困時，他的潛意識裏就會形成這種失敗思想的印象，因而，他就會使自己處於越來越不利的地位。

換句話說，他的思想、他的心態使得他試圖做成的事情也變得不可能了。

如果你總是自我評價很低，如果你總是貶低自己，幾乎可以肯定，他人肯定

不會刻意去抬高你。人們通常不會費力去仔細思量你是否自我評價太低了。

我從未見過一位自我評價很低的人完成過一件驚天動地的大事。一個人的成就絕不會超過他的期望。如果你期望自己能成就大業，如果你強烈要求自己做一番大事，如果你對自己的工作有更大的抱負，那麼，與自我貶低和對自己要求不高的心態相比，你會獲得更大的收穫。

如果你認為自己處於特別不利的境地，如果你認為自己不像其他人，如果你認為你跟其他人不同，如果你認為自己不能獲得別人那樣的成就，如果你懷有這些思想，那麼，你根本就無法克服前進路途上的那些阻礙和束縛。這種思想意識使得你根本無法成為你心中渴望的人物。

不斷地自我貶損，總是把自己看得微不足道的人，總是認為自己不過是活在塵世上的一條可憐蟲的人，總是認為自己絕無可能取得任何重大成就的人，會給人們留下相應的印象。

有些出身低微的人生活得非常不錯，而我們自己的境況反不如他們，甚至於一敗。

一定要對自己有很高的評價。假定你已成為你心中的理想人物，假定你已獲得你渴望的那些品質，這樣的話，你就會感到有一種強大的魔力，你就會感到有一種真正的創造力。

你還要全心全意地希望自己健康，絕不能容許自己去想可能會有意外的不幸發生到你的頭上。一定要擁有健康的心態，你所思考的、所談論的都要與健康有關。一定要對自己說，健康是你生來就該享有的權利。

你也該以同樣的態度對待成功。除了成功之外，你絕不應該再想別的事。一定要有成功的心態、成功的思想和成功的行為舉止。一定要像一個成功者、像一個傑出人物一樣行動，穿著打扮和思想都要表現得像一個成功者、一個傑出人物的樣子。

第四課：積極心態有利於調整情緒

» 我們的失敗往往是因為我們不能控制自己的情緒所造成的，如果我們能夠掌握自己的情緒，那麼我們就更容易掌握命運。

一　遠離自己的衝動情緒

我們的失敗往往是因為我們不能控制自己的情緒所造成的，如果我們能夠掌握自己的情緒，那麼我們就更容易掌握命運。每一個成功的人都是能夠控制自己情緒的高手，他們不會被自己的情緒所左右，

所以，成功也更容易被他們得到。如果你是個不易控制情緒的人，不如在事情發生並引發你的情緒時，趕快離開現場，讓情緒平復了再回來；如果沒有地方可暫時「躲避」，那就深呼吸，不要說話，這一招對克制生氣特別有效。

同時，尋找你生氣的原因也是必不可少的。情緒陷入低潮時，我們會不自覺地壓抑情緒，有時還會遷怒於他人。生某個人的氣時，我們真正氣的可能是自己。很多情況下當你一直受困於某種負面情緒時，就必須改變想法，想想造成你不良情緒的是否有其他原因，而不要只是一味地鑽牛角尖。

只要找到原因，就會有辦法處理情緒。我們可以採用前述第一種排除負面情緒的方法，問問自己什麼事情讓你悲傷。當找到悲傷的情緒時，怒氣就會慢慢消失，你也會變得寬容了。

有了寬容心之後，你就能變得更開朗、更體諒別人。心情恢復平靜後，負面情緒也就煙消雲散了。

認識你的情緒

「情緒」這個詞肯定經常出現在你的日常口語中，「我的情緒不好。」情緒低落時「沒情緒」。那麼，什麼是情緒呢？

情緒是對生理性的需要是否得到滿足而產生的態度體驗。情緒就是情感，是

與身體各部位變化有關的身體狀態，是明顯而細微的行為。

1 嫉妒

嫉妒使人心中充滿惡意、傷害。如果一個人在生活中產生了嫉妒情緒，他就從此生活在陰暗的角落裏。他不能光明磊落地說和做，只能說風涼話，對他人的成功或優勢咬牙切齒。嫉妒首先傷害的是自己，因為他把時間、經歷和生命不是放在人生的積極進取上。嫉妒也會使人變得消沈，或是內心充滿仇恨。一個人的心中要是充滿了消沈或仇恨，那麼他距離成功也就越來越遙遠了。

2 恐懼

處境的危險或過度的擔憂會導致恐懼的心理。恐懼的行為表現為逃跑、退縮與躲藏。對某些事物的恐懼可能是由於缺乏自信或自卑。

一次失敗的經歷或可怕的遭遇可能使你變得恐懼。恐懼的氾化還會導致焦慮情緒的產生。焦慮的情緒比恐懼還要糟糕。

一個害怕失敗、心中經常盤踞恐懼的人，永遠不會成功。

3 憤怒

憤怒是最具破壞力的情緒。一個容易發怒的人，肯定不是一個優秀的成功者。

憤怒可以使你失去理智和思考的能力。「狂風暴雨」就是對這類人的形容。

一時的衝動，可能事過之後要以高昂的代價去彌補；一時的衝動，意味著將永遠失去一批真摯的朋友；一時的衝動，意味著你將失去一大批可靠的客戶；一時的「血氣方剛」很可能使他人對你「敬」而遠之。

成功不是你的「血氣方剛」所能得來的，成功也不是你的「狂風暴雨」刮來的；成功是你的毅力、你的信心、你的謙虛友善、富有合作精神的結晶。

4 緊張

緊張是生活情境中有威脅性的或不愉快的因素的情緒反應，同時也反映了一定環境的壓力和人對這種壓力的反應。適度的緊張能使你集中精力，不致分神；過度的緊張會使你語無倫次，心跳加速，令本來充實的大腦變成白紙一張。

5 抑鬱

抑鬱是成功之路上最不受歡迎的敵人，抑鬱是悲觀的孿生姐妹。一個人整天沈浸在抑鬱的陰影中，還有什麼樂觀、積極向上的心態去追求成功呢？最重要的就是不要去看遠方模糊的幻像，而要做手邊清楚的事。

抑鬱是一道無形的網，它不僅網住你的思想，還網住你的行動。如果你心中夢想的是成功，那麼請你儘快地走出抑鬱的低谷。

狂躁容易給人一種假相。

三　向嫉妒說不

亨利的身體狀況不大好，動輒失眠，心跳過快，四十多歲正當年的男子漢卻做不了多少工作。到醫院進行全面的身體檢查，也沒有查出什麼大毛病。時間長了，醫生才發現亨利心理狀態不正常，這源自於他對周圍人的那種強烈的嫉妒心。

這裏且不分析他之所以「見不得別人比他強」的思想緣由，單就其結果——對亨利身體的傷害來講，就足見嫉妒心理的嚴重危害性，難怪西方某國已將嫉妒與痲瘋病相提並論。

嫉妒是一種難以公開的陰暗心理。日常工作和社會交往中，嫉妒心理常發生在一些與自己旗鼓相當、能夠形成競爭的對手身上。比如：對方的一篇論文獲獎，人們都過去稱讚和表示祝賀，自己卻直挺挺的坐在那裏一言不發。由於心存芥蒂，事後便會就這篇論文，或就對方其他事情的「破綻」大大攻擊一番。對方再如法炮製，以牙還牙。如此惡性循環，必然影響雙方的事業發展和身心健康。

所以，要克服嫉妒心理首先要先想後果，認清其危害性。

其次，如果被嫉妒心理困擾，難以解脫，一定要控制自己，不做傷害對方的行為。然後不妨用轉移的方法，將自己投入到一件既感興趣又繁忙的事情中去。

工作及社交中嫉妒心理往往發生在雙方及多方，因此要注意自己的性格修

養，尊重與樂於幫助他人，尤其是自己的對手。這樣不但可以克服自己的嫉妒心理，而且可使自己免受或少受嫉妒的傷害。

同時還可以取得事業的成功，又感受到生活的愉悅，何樂而不為呢？

四 淡化你身邊的妒嫉

日本心理學家詫摩武俊認為，引發妒嫉的條件主要有四個：各方面條件與自己相同或不如自己的人居於優位；自己所厭惡而輕視的人居於優位；與自己同性別的人居於優位；比自己更高明的人居於優位。但他又指出，由於「妒嫉心是在本人還未覺察時透過迅速無比的心理檢查而產生的」。

根據產生妒嫉心理的這些基本條件和否定條件，我們完全有可能找到一些淡化妒嫉的有效辦法。記住，淡化妒嫉也就是淡化優勢——你不比別人強，別人嫉妒你什麼？

（雖然擺明比別人強，但還要從感情上和大家走在一起，認為自己不比別人強，這下子，別人反倒不再妒嫉你，也會認為你是靠自己的努力得來優位。這同時也為自己創造了好的工作環境！）具體說來，有以下幾種方法：

介紹自己的優點時，強調外在因素以沖淡優位。你被派去單獨辦事，別人去沒辦成，而你卻一下子辦妥了。這時，你若開口閉口「我怎麼怎麼」，只能顯出

你比別人高一籌，聰明能幹，而招致妒嫉。

如果你這麼說：「我能辦妥這件事，是因為我賣力。」就容易讓人覺得你處於優位是理所當然的，因而會妒嫉你的能幹。但你要這麼說：「我能辦妥這件事，一方面是因為前面的同事去過了，打下了基礎，另一方面多虧了當地群眾的大力幫助。」這就將辦妥事的功勞歸於「我」以外的外在因素「前面的同事和群眾」中去了。

從而使人產生「還沒忘了我的苦勞，我要是有群眾的大力幫助也能辦妥」這樣的藉以自慰的想法，心理上得到了暫時平衡。「我」在無形中便被淡化了優位。

五 拋棄憂慮

我們這一代是好奇心很強的一代。我們不斷開發地球資源，使科學發展到驚人的地步；在很多領域中，我們都是主宰者。但是我們卻無法主宰內心的憂慮，我們仍活在恐懼之中。

實際上，我們確實是受驚嚇的一代，曾獲諾貝爾文學獎的法國文豪卡繆把二十世紀叫作「恐懼的世紀。」有一首現代交響曲就叫「焦慮的時代」，我們連作曲也以焦慮為題，可見其影響之深。

我們不僅僅有著傳統的憂懼，還有更大的更新的憂懼——擔心核戰爭會打起

來。而且即使核彈打不過來，我們仍然會擔心無形的殺手「輻射」會對我們及子孫後代造成嚴重的傷害。有一位科學家最近斷言：「我們對原子彈、空間導彈和許多毀滅性的殺傷武器產生了無所不在的憂慮。」

用「無所不在的憂慮」這句話來描繪我們現在的情形，真是再恰當不過了。我們所感到的這種恐懼，與過去原始人因聽到劍齒虎的嚷叫聲引起的恐懼大不一樣。原始人因恐懼匆忙逃走，或者急中生智，在木棒前端綁上石頭，將老虎打死。結果，除了有美味可餐以外還能拿皮做外套。

當然，這是面對恐懼最基本和最原始的行為，它促使我們採取行動保全性命。恐懼的作用不論在過去或現在都一樣有效。當我們因害怕漏氣而檢查輪胎時，就是憂慮所產生的一種良性作用。

但是，我們今天花時間和精力去擔憂的不是這類恐懼。今天，困擾我們的往往是一種模糊不清、難以名狀的焦慮。我們無法對這些憂慮進行反擊，因為我們根本不知道自己在害怕些什麼。

也許我們害怕的事情太多了，光是反擊其中一個也沒有用。對我們來說，恐懼並非來自一種具體的可以言明的威脅。如果果真是這樣，我們便能夠採取具體行動來對抗它。但事實上，它看不見摸不著，像籠罩在我們頭上的烏雲，它為我們所做的每一件事都投下陰影。

想辦法克服憂慮非常重要，因為憂慮是快樂的敵人，它影響你思考的能力，進而影響你的工作效率並對健康有危害。

比謝普博士是一位內科醫生，他說：許多人並沒有意識到，緊張焦慮可能會引起許多心血管方面的疾病。憂慮不安是普遍的現象。少許不安對人有好處，因為它可以促使你去完成任務、做事情，但若是焦慮過度則非常有害，它可能會引起身體任何器官的疾病。

他說：「對於焦慮，心臟有多種反應。心跳速度加快；心律可能會受到影響；強大的壓力或焦慮可能導致心律不齊。眾所周知，焦慮也可能導致心臟陣痛，這便是平常所說的『心絞痛』，尤其是中年人容易患這種病。而緊張也可能會造成心血管血流不暢，即一般所說的『冠狀動脈血栓症』，會導致嚴重的後果。」

據《洛杉磯時報》報導，加州大學洛杉磯分校的精神病臨床教授阮吉爾博士認為：「焦慮和煩惱的人比較容易感染上細菌或其他微生物。」

雖然如此，你也不必驚謊，你絕對有能力去克服恐懼，你不要以為它一定會使你受到傷害。事實是，只要你願意，就可以對自己擔心的事採取建設性行動。能夠採取行動正是積極思想最絕妙的效果之一。

會運用積極思想排解憂慮的人，會獲得奇妙的結果。

恐懼往往在你最不經意而且危害性最大的時候來襲擊你。這時，迂迴的處理方式顯得尤其重要，即不正面地對它進行攻擊，而是以替代的方式來摒除它。

如果你不斷地往心裏灌輸信仰，恐懼就會無立足之地。當然，這種個性的改變需要付出巨大努力。但有一點可以肯定：個性是能夠改變的。

六 忘記憂愁

平靜的心境的確可以使我們堅定，意志集中，頭腦清晰，對眼前的問題有一個沈著、全盤的看法；也使我們可以看清周圍的環境，忘卻自己，把注意力轉移到更持久的事物上去。

有人以〈善愁的人類〉為題，寫了一篇論文，它恰恰反映了這一時代人們的心境。

生活在這樣一個充滿恐慌的世界，要保持正常，就一定要注意我們的心靈，否則便會陷入狂熱、急躁、煩人的焦慮之中，生活就會受害，也不適於工作。有一種毒素會慢慢滲入我們的心靈，在不知不覺間就把我們麻痺了。

一些事我們應該擔憂，至少也該關注，不過事情都有兩面性，所以我們要用頭腦來想，不動情緒，更不應憑想像。而且問題就在於我們對大多事情都表現出擔憂，即使其中大多數都是無關緊要的。這實在是一種浪費。

我們總是把世界上的煩惱全都放在我們自己身上，這是無用的，因為這負擔太大、太重了。同時不要憂之過早，因為我們要憂的東西實在太多，我們只應為現實擔憂，不要杞人憂天。有些事情可能根本就不會發生。它們即使發生，也許會引發旁的事，轉移背景，因而結果也不一樣了。

英國政治家勞合．喬治認為他自己之所以能成功，主要是因為他很小就懂得，當他走過一扇門時，就把它關起來。我們要讓死人埋葬死人，也就是說，我們要把昨天封閉起來，因為我們沒法走回頭路。

因此，我們為什麼要活在過去的日子裏呢？把過去的事再重演一遍？使我們心頭的負擔再加一倍？再多流一點無用的眼淚？

此外，我們一定要學會扔東西。要把緊貼在手上的毒蟲扔掉，在沒有咬自己以前，你就把它扔進火裏了。有許多念頭和情感是有毒的，像牛蒡草一樣黏在你身上，像蜜蜂一樣刺你。一個智者說：

浮蕩的生活如同在地獄裏，而有定向的生活則如同在天國裏。

多少個鐘頭、多少日子滑過去了，可是我們不知道做了些什麼！我們總是慢吞吞的，在呆滯、不可捉摸之中窮打轉，從而使我們因困乏而倒下來。

假使我們再不好好下決心切除心頭的死結，把事情做得更加完美，那麼我們就像上吊一樣，吃驚而又慌亂。假使我們能下定決心，不管成敗，都能使我們受

益。

成則對我們有所造就，敗儘管會傷害我們，但我們倒能從中吸取教訓。錯誤的決定固然令我們付出很大的代價，可是最糟糕的錯誤是終其一生都沒有決斷、飄忽浮蕩。

「忘記背後的」，這實在是一種很高明的藝術。否則過去的事就不僅會阻塞現在，也刺殺將來。過去的許多事中，有些太傷心，很難忘記，你就用力把它們扔下，往前趕。

一位哲人說得最好：「不該記住的教我忘了吧。不該忘記的教我記住吧！」

要控制自己的回憶是不容易的。快樂的回憶和悲慘的回憶同樣會傷害我們，只是其方法不同而已。但是要使它們不傷害自己的情緒還是有辦法的，只要把它們像畫一樣掛在牆上，就不會使我們傷心了。

「不要憂愁！」這是一個很簡單的信心，如果用得很正確，而且很有誠心，它可以治癒許多身體和心靈上的痛苦。

如果我們懂得這門藝術，而且實際加以運用，就能備增神奇。賜給我平靜的心境吧！儘管塵世不能給我平靜的心境，但如果你擁有了平靜的心境，旁人也不會拿去的。可是平靜的心境卻可以使我們堅定，意志集中，頭腦清晰，對眼前的問題，

有一個沈著、全盤的看法；也使我們可以看清周遭環境，忘卻自己，把注意力轉移到持久的事物上去。這樣就可以治癒心頭的創傷，增添力量，開拓心胸。

第五課：積極心態有利於正確思考

» 誰要抓住創新思維，誰就會成為贏家；誰要拒絕創新的習慣，誰就會平庸！

一 創新讓你有一個多彩人生

如何保持思考創新，直接關係到一個人的事業是「死」是「活」，因為只有創新才能能「救活」自己的異常思維和才智，從而啟動自己全部的能量，這就要求及時注入「創新因數」。

在日常生活中，每個人都是投石問路者，或難或易，或明或暗，或悲或喜，彷彿不停地掙扎在一個個「陷阱」之中，因此用有效的創新點擊撞人生火花，成為突擊生存的夢想和手段。誰要抓住創新思想，誰就會成為贏家；誰要拒絕創新的習慣，誰就會平庸！這就是說，一個有著思考創新習慣的青年人，絕對擁有閃亮的人生！

生活需要信仰，一個有信仰的人，跟一個沒有信仰的人截然不同，後者渾渾噩噩；前者有追求，有理想。在眾多信仰當中，思考創新是最獨特的，也是最有效的。這種生活信仰，能幫助你找到一份理想工作，工作通常被認為是人生的起點。

生活中，思考創新更是不可缺少的。以求職為例，職業的多樣性，給每個有求職創意的人提供了可能。假如只有一種職業符合自己的觀點，肯定是錯誤的，因為它本來就缺少創意，僅僅是一種不願努力改變自身被動狀態的懶惰心理而已。

「工作唯有改變才能創新人生。這就是說，現代人試圖改變人生的方法就是把智慧用在工作的創新中，力戒僅有一種工作適合自己的觀點。用不同的工作挑戰自我，就是最大的創新！」

而這些，只有透過思考才能實現。青年人，應該開啟大腦思考自己的未來，才會有所突破。你的職業、人生才會多姿多彩，才會避免煩惱。

正確思考的十個步驟

1 你想要做什麼？

翻開你思考成功的筆記，將你喜歡或你做得很好的事情列成一個清單。或把

什麼事情都記下來、新鮮事和你感興趣的事。檢視一下你的清單，並想想你要如何成功。

2跨進別人創造的天地，運用小恩惠來協助他人。找出他們特殊、非比尋常的能力，並助其開花結果。你可以替他們規劃產品和開發市場。

3對新奇事物保持開闊的胸襟，然後進一步探究。這項新產品或意見會引發什麼新想法？它的用途及前景如何？而我們可能要創造什麼樣的前景？

4把握機會。最佳時機常常稍縱即逝，你應提高警覺！例如，網路的前景很看好，有什麼新點子是你所能想到的，能夠網路與市場有所結合？餐廳則利用網路，將午餐功能表與特別餐功能表傳到當地企業的辦公室裏。現在這些功能也即將對家庭這個市場開放，你最好趕緊在網路世界擊敗你之前，找出能在家中運用網路的方法，並快速佔領這個市場。

5別禁錮你的思考。當初，人們嘲笑萊特兄弟倆，嘲笑他們認為人類終有一天可以在月球上漫步的想法，但如今卻成事實。

6找出別人的需求。有個化學家發現今天面臨的最嚴重的問題是，充斥了化學廢料的環境。因

此，她有了一個想法。經過進一步的研究後，她發現某些廢棄物可用來再生，使其成為別的化學物品。於是她收集某公司的廢棄物，來供另一家公司再使用，以此獲得巨大的財富。

7注意服務。

許多舊式的服務已經消逝了，這個領域空了下來，而它正等待一個聰明的經營者來佔領。不要只是想著提供新式的服務專案，而要將舊的、有必要的再找回來。你想要有什麼樣的服務專案？著手去做吧！

8永遠要讓付出大於獲得，這是成功最大的祕訣。

假如你是那種收一分錢，便只做一分事的人，那你一輩子都是薪水的奴隸。

9助人者自助。

在市場銷售，依著這個原則，成就了很多國際知名的大型企業，同時有很多人借助其企業而賺錢。《華爾街日報》指出，到了兩年以後，大多數商品是由市場網路賣出的。

10你還在等什麼？馬上行動吧！

不要用一些「我沒有足夠的錢」、「我瞭解得不夠」、「還沒做好準備」等藉口來拖延。一旦想法出現，就順著去做，只有這樣才能收穫報酬。

三 積極思考是一種智慧

積極思考是一種智慧力量。如果一件事不經過思考，那肯定是魯莽的，除非你特別的幸運。但幸運並不是時時光顧的，所以，最保險的辦法是「三思而後行」。但「思」也並不是件簡單的事，思考也有它的特點和方法。成大事者都有自己良好的思考方法。

你的思考習慣一旦形成，就會產生巨大的力量。十九世紀美國著名詩人及文藝批評家洛威爾曾經說過：「真知灼見，首先來自多思善疑。」

大凡成就偉大事業的人，都是因為憑藉了一種積極的思考力量，是創造力、進取精神和激勵人心的力量在支撐和構築著所有成就。

一個精力充沛、充滿活力的人總是創造條件使心中的願望得以實現。要知道，沒有任何事情會自動發生。

你一定要從心底裏堅信，你的精神力量、思想力量能夠幫助你實現自己決心要做的任何事情。就是這種滿懷信心的期待能使你集中全部的精神力量去努力成就事業。換句話說，你所有的精神力量會與你的期待保持高度一致。

你期待並決心要完成你全力以赴的事情，你首先在現實生活中給你提供一幅你應該努力使之實現的藍圖。這幅藍圖會成為你心中的願景，這種願景將激發富於創造力的你去做偉大的創造。

懷有偉大夢想的人，絕不會在意成功道路上的障礙，因為他的決心和勇氣，會一一除掉妨礙成功的敵人，但這些敵人往往使那些意志薄弱和優柔寡斷的人「大栽跟頭」。

「偉大的內在」當中有一種無法解釋的神祕力量，但是，我們都能感受到它的存在，這種力量我們呼之即來，無論做任何事情，它總能貫徹我們的命令和決定。

但是，如果你的想法恰恰相反，你堅定地認為自己是生活中一切好事的繼承者，如果你堅定地認為這些好事都將屬於你，都將落到你頭上，就好像是你生來就有這樣的權利。

如果你堅定地宣稱具有帝王般的資質；如果你堅定地宣稱自己完全有能力實現偉大、崇高的人生目標；如果你堅定地宣稱自己擁有力量和健康，而與疾病、弱小、混亂無緣。

那麼，這種充分自信的心態就使得你積極主動，極富創造力，這種心態就會有助於成就你所渴望的事情。

四 抵制思想的病毒

身體上的病毒並不可怕，可怕的是思想上的病毒，即我們常說的「流言蜚

語」。思想病毒和身體病毒大不一樣。思想病毒毒害我們的大腦、思維，它更加陰險，令人難以捉摸，甚至中了毒的人都常常意識不到。

雖然思想病毒是看不見、摸不著的，但它帶給我們的影響卻是無與倫比的。它使我們熱心於一些微不足道的小事，因為它是以微不足道的小事為內容的。它扭曲了我們對人的看法，因為它是以荒謬、扭曲了的事實為依據的。

大多數人都認為，「流言蜚語」是婦女的專利，但事實並非如此，許多男士也加入了這一行列，他們散布的流言蜚語涉及的範圍更廣。

應該說，交談是我們生活中不可缺少的一部分，有的交談是有益的，能推動你向前，使你覺得自己是成功者。但有的交談則使你置身於毒氣彌漫的環境，使你窒息，使你臥病不起，最終使你成為一個失敗者。

流言蜚語就是散佈有關別人的謠言，說別人的閒話。而傳播者卻以此為樂，好像從中得到了無窮的樂趣。不過他們沒有意識到，在成功者的眼裏他們卻是多麼可憐，多麼可悲。

談論他人是很正常的，但我們必須站在積極的立場上。也不是所有的交談都是閒話。自由討論、談談有關工作方面的問題、聊天等有時候是必要的，但只有當它們具有積極性意義時才對我們有幫助。

五 挖掘你的潛能

要想獲得驚人的成就，必須激發你的潛能。根據大自然的法則，一個人能夠絕對控制透過五官而到達潛意識心智中的物質，但是，這並不能解釋為人始終能運用這種控制。而且絕大多數情況下，人並不運用這種控制，這是許多人貧困的原因。

有人曾經說過，潛意識心智就像花園中一塊肥沃的土地，如果不在上面播下所希望成長的種子，就只能雜草叢生。自我暗示便是一種控制的媒介，經過這一媒介，一個人可以自動地用創造的思想去滋養潛意識。

利用專注的原則，你能有效地將你的注意力固定在一個目標上。當你閉上眼睛時，你能夠看到那些金錢出現。每天至少做一次練習，必須要有信心，讓你自己確實看到你擁有那些金錢。

最重要的事實是，潛意識接受堅強信心下達給它的任何命令，並根據這些命令去行動，雖然這些命令往往必須要反覆地下達。依照前面的陳述，你可以對你的潛意識使用「詭計」，因為你相信，所以讓你的潛意識相信你必定會得到你所想像的財富，這筆財富已在等待著你去取。

這樣，你的潛意識一定會向你提出獲得這筆財富的實行計劃。不要等待以服務或商品交換來的財富，而應立即開始看見你已經擁有了這些財富。

還需注意的是：當你在實現將欲望轉變成財富的計劃時，切不可相信你的「理性」，因為你的推理能力也許是不充足的，如果完全依賴它，它也許會使你失望。

當你閉著眼睛想像你決意要累積的財富時，一定要知道你自己所提供的服務、你決意換取這筆財富所需付出的代價，這是極為重要的！

六 用思考支撐人生

懶惰平庸的人往往不是不動手腳，而是不動腦筋，這種習慣貽誤了他們擺脫困境的時機。相反，那些成大事者都養成了勤於思考的習慣，善於發現問題、解決問題，不讓問題成為人生難題。可以講，任何一個有意義的構想和計劃都是出自於思考，而且思考得越痛苦，收益就會越大。一個不善於思考難題的人，會遇到許多取捨不定的問題；相反，正確的思考能產生巨大作用，可以決定一個人應該採取什麼樣的行動。

◎古希臘的佛里幾亞國王葛第士以非常奇妙的方法，在戰車的轆上打了一串結。他預言：誰能打開這個結，就可以征服亞洲。一直到西元前三三四年，還沒有一個人能夠成功地將繩結打開。這時，亞歷山大率軍入侵小亞細亞，他來到葛第士繩結之前，不加考慮，便拔劍砍斷了繩結。後來，他果然一舉佔領

了比希臘大五十倍的波斯帝國。

◎一個孩子在山裏割草，被毒蛇咬傷了腳。孩子疼痛難忍，而醫院在遠處的小鎮上。孩子毫不猶豫地用鐮刀割斷受傷的腳趾，然後，忍著巨痛艱難地走到醫院。雖然缺少了一個腳趾，但孩子以短暫的疼痛保住了自己的生命。

◎一位朋友到一家餐館應徵做工讀生。老闆問：在人群密集的餐廳裏，如果你發現手上的托盤不穩，即將跌落，該怎麼辦？許多應徵者都答非所問。朋友答道：如果四周都是客人，我就要盡全力把託盤傾向自己。最後，朋友成了大事。亞歷山大果斷地劍砍繩結，說明他捨棄了傳統的思維方式；小孩子果斷地捨棄腳趾，以短痛換取了生命；服務員果斷地把即將傾倒的托盤靠向自己，才保證了顧客的利益。在某個特定的時刻，你只有敢於捨棄，才有機會獲取更長遠的利益。即使遭受難以避免的挫折，你也要選擇最佳的失敗方式。

正確思考往往蘊含於取捨之間，因為不這樣做，就那樣做，是由一個人的思考力決定的。不少人看似素質很高，但他們因為難以捨棄眼前的蠅頭小利，而忽視了更長遠的目標。成大事者有時僅僅在於抓住了一兩次被別人忽視了的機遇，而機遇的獲取關鍵在於你是否能夠在人生道路上進行果敢的取捨。

所有計劃、目標和成就，都是思考的產物。你的思考能力，是你唯一能完全控制的東西，你可以以智慧，或是以愚蠢的方式運用你的思想，但無論如何運用

它，它都會顯現出一定的力量。沒有正確的思考，是不會克服陳規陋習的，如果你不學習正確的思考，是絕對預防不了挫敗的。

第六課：積極心態有利於實現願望

》我們要把成功心理所包括的各個方面的思想內容相互聯繫，融會貫通，才能領會其精神實質，應用到具體經驗中去。

一　有願望才有實現

我們現在要舉一個亨利．福特決心發明V型引擎的例子。當年，汽車大王福特有個將八個汽缸組合在同一引擎裏的設想，於是召集了工程師們開會設計。工程師們將這則構想繪成設計圖仔細研究，結論是：一個引擎容納八個汽缸，在理論上根本不可能！

「無論如何，非創造出來不可！」福特命令道。

「不可能的事就是不可能！」工程師們紛紛抗議。

「再困難，再花時間，也要將此構想付諸實現！總之，這個工作非完成不可！」

福特絲毫不灰心，工程師們爭執不過，只好接受了福特的命令，專心致志於新

引擎的研究。可是研究了半年，工程師們還是摸不著頭腦，連從哪裡著手都茫然不解。就這樣又過去了半年，成果還是渺茫無期。

工程小組開發了各種想像力，將整個公司的命運賭了上去，費盡心血研究，結論還是：不可能！

當年年底，福特第三度接到工程小組的報告，講述八汽缸引擎確實是不可能的事。但是福特還是置若罔聞，他的回答簡要而有力：

「我要向它挑戰！不論歷經多少失敗，我都要實現這個設想！」

結果，離這個誓言不久，V型的八汽缸引擎終於神奇地製造出來了！福特於是自豪地迎來了勝利的那一天！

從這則故事中我們所需明白的是：福特心中懷有將願望變成現實的動力！如果你是一位真心抱著成功夢的人，你就應能瞭解福特的「成功哲學」。確實，使願望變為事實，並不困難也不遙遠。福特就是理解了「成功哲學」的本質，且活用了「成功哲學」的真諦，才一躍而為大成功者。

「成功哲學」並不艱深，它的原則就是：衷心的願望及明確的目標。假如你能深深明白其中的道理，那麼你也應能得到與福特同樣的成功。

為什麼許多人總是習慣於消極的自我暗示呢？即使在培訓班上，有的朋友也反映說：聽了幾課成功心理學，很受啟發，心情振奮！可是回到現實生活中，自

己好像還是老樣子，仍不能自信主動，這該怎麼辦呢？

不必奇怪，也不要著急，一個人要改變自我意識，由經常進行消極的自我暗示轉變為自覺地堅持積極的自我暗示，實在不是一件容易的事。首先，我們要明白，一個人的自我意識會受到許多因素的影響，而且是經歷了相當長的時間形成的，怎麼可能一下就改變，一蹴而就呢？

從懦夫到英雄的動力

積極心態能使一個懦夫成為英雄，令心志柔弱者變為意志堅強者，由軟弱、消極、優柔寡斷的人變成積極的人。

積極心態具有改變人生的力量，雖然人人皆可達成，但有些人在實行時會發生困難。這是因為某些奇怪的心理障礙會導致積極思想的無效。一個人若是不斷地懷疑、質問，那是因為他不想讓積極思想發生作用。他們不想成功，事實上他們害怕成功。

因為活在自憐的情緒中，安慰自己，總是比較容易的。有時失敗是自己造成的，當別人提出新的建議（例如積極思想），這有助於我們度過難關時，我們總是下意識地使這些方法沒有用。這樣我們便認定是這個原則無效，而不是我們自

己有問題。一旦我們瞭解正是這種不健康的心理因素在作祟時，積極思想便開始發揮它的功用。

我們因為做錯了某事感到內疚，便希望被人懲罰。如果仍無法糾正，我們往往透過失敗來尋求自我懲罰。人性通常如此。要想改變這種情況，首先需將這些過錯清除，負疚感才會隨之消失，自我懲罰的行為也就不必要了。當這一過程完成後，積極思想便能發揮極大功效。

有時候，積極思想之所以無效，最重要的原因之一是，我們沒有真正去實行這一原則。積極思想需要不斷訓練、學習及持之以恒。你必須樂意主動去實行，有時必須要經過一段時間後才有成效。

積極思想只有在你相信它的情況下才會發生功用，而且你必須將信心與思想過程結合起來。很多人發現積極思想無效，原因之一便是他們的信心不夠。以小小的懷疑和猶豫，不停地給它潑冷水。因為他們不敢完全相信：一旦你對它有信心，便會產生驚人效果。

具有勇敢而大膽的信仰——這是一切成功的法則。沒有任何東西可以永遠阻擋它。信仰可以集中一切力量，正如《聖經》中所說：「只要你有信仰……你將無往不勝。」不再遲疑、不再怯懦、不再猜測，要勇敢而大膽地相信這一切，這就是勝利。

積極心態真的有效。只要你願意耕耘它培植它，積極心態便能發揮力量，但養成它並不容易。它需要艱苦的工作和堅強的信仰，它需要你誠實地生活，擁有想成功的欲望。同時，運用積極思想時，你必須堅持才能成功。當你確定已經掌握它時，你應再進一步發展積極的心態。

達特瑞說得一點也沒錯！你必須每天不斷地學習，調整你的思維方式。如此一來你所得到的效果也會超乎你的想像。這樣的回報是值得你改變習慣並付出努力的。

三 信念決定輸贏

人的潛意識對自卑感、恐懼感、勇氣、信念等反應極為敏感，可是對建設性思想及破壞性思想卻往往區分不出來。

所以自我暗示因其使用方式的不同，有時會使人類到達更幸福、更繁榮的境界，有時也會將人類推向絕望的深淵。一個被驚恐、疑懼、自卑所纏繞的人，往往是由於自我暗示的作用，結果使他一生困窘。

帆船利用帆來決定前進的方向，人生也是經由你的思想來決定幸福或不幸。

這首詩十足表現出了自我暗示的卓越功能：

你想你會輸，你便會輸

你想你已無救，你便無救

你想你也許不會勝利，你便不會勝利
你想你將失敗，你便失敗
看看這個社會吧，成功永遠屬於將願望堅持到底的人
你想必定勝利，你便勝利
你想奮發，你想向上，你便成為奮發向上的人
努力吧，重新站起

強而有力的人不一定勝利，感覺靈活的人也不一定成功。堅信「我能夠」，勝利便非你莫屬！

這首詩裏，最重要的一句話是什麼？請再看一次，再找一遍吧，然後也請將它的意義深深銘記在心裏。

第七課：積極心態有利於衝出逆境

» 笑使你的視線歸回原位，刺激已固定的注意力，並且給予你明確清澄的思考力。

一 在逆境中捕捉財富

約翰在威斯康辛州經營一座農場，當他因為中風而癱瘓時，就是靠著這座農

場維持生活。

由於他的親戚們都確信他已經是沒有希望了，所以他們就把他搬到床上，並讓他一直躺在那裏，雖然約翰的身體不能動，但是他還是不時地在動腦筋。忽然間，有一個念頭閃過他的腦海，而這個念頭注定了要補償他的不幸。

他把他的親戚全都召集過來，並要他們在他的農場裏種植穀物。這些穀物將用作一群豬的飼料，而這群豬將會被屠宰，並且用來製作香腸。

此後數年，約翰的香腸就被陳列在全國各商店出售，結果約翰和他的親戚們都成了擁有鉅額財富的富翁。

出現這樣美好結果的原因，就在於約翰的不幸迫使他運用他從來沒有真正運用過的一項資源：思想。他定下了個明確目標，並且制訂了達到此一目標的計劃，他和他們的親戚們組成智囊團，並且以應有的信心，共同實現了這個計劃；別忘了，這個計劃是因為約翰中風才出現的。

當你遇到挫折時，你應該算算看你從挫折當中，可以得到多少收穫和資產，你將會發現你所得到的，比你所失去的要多得多。

你也許認為約翰在發現思想力量之前，就必然會被病魔打倒，有些人更會說他所得到的補償只是財富，而這和他所失去的行動能力並不等值。

但約翰從他的思想力量，和他親戚的支持力量中，也得到了精神層面的補

償；雖然他的成功，並不能使他恢復對身體的控制能力，但卻使他得以把握自己的命運，而這就是個人成就的最高象徵。他可以躺在床上度過餘生，每天只為自己和他的親人難過，但是他沒這樣做，反而帶給他的親人們想都沒有想過的安全。

長期的疾病通常會使我們不再看，也不再聽，我們應該學習去瞭解發自內心深處的輕聲細語，並分析出導致我們遭到挫折，甚至失敗的原因。

愛默生對此事的看法是：發燒、肢體殘障、冷酷無情的失望、失去財富、失去朋友，都像是一種無法彌補的損失，但卻展現出潛藏在所有事實之下的治療力量，朋友、自己配偶、兄弟的死亡，所帶來的似乎都是痛苦，但這些痛苦將扮演著指引者的角色；因為它會操縱著你生活方式的重大改變，終結幼稚和不成熟，打破一成不變的工作、家族或生活形態，並允許建立對人格成長有所助益的新事物。

時間對於保存這顆隱藏在挫折當中的等值利益種子，是非常冷酷無情的，找尋隱藏在新挫折中的那顆種子的最佳時機，就是現在。

你也可以再檢查一下過去的挫折，並找尋其中的種子，有的時候，我們會因為挫折感太過強烈，而無法馬上著手去尋找這顆種子。但是，現在你已有了更高的智慧和更多的經驗，足以使你輕易地從任何挫折中，學習它能教給你的東西。

二　多給自己一些激勵

我們常常會遭到這樣那樣的困難，困難會使我們受到挫折和打擊，使我們產生失敗感、自卑心，這不利於我們實現自己的理想，但善於激勵自己則可以及時地調整自己的精神狀態，使自己從陰影裏走出來。

激勵是一種積極的心理暗示，你不妨試試每天早上朝著鏡子對自己說：

「我是一個有用的人，我有極高的才能和天分，這必須要感謝上天，它使我有健康的身體與堅毅的精神、對他人富有同情心，我具備如此多優點，絕不可能不獲成功的。今天我一定會有好運，因為清早起來我就感覺非常愉快，對於工作我一定積極去做。」

如果你每天清晨醒來時，能夠把以上的話重複三遍，那麼你一天的精力就會格外充沛。這些話，你不妨在洗臉的時候，對著鏡子說三遍；等到進入辦公室時，再在落地鏡前有力地重複，並且加上一些身體動作。

你越是重複地說這樣的話，一股無形的力量便會激發你心底的潛能，使它充滿你的全身，這是一種非常奇妙的作用。因為鏡中呈現的是自己的具體形象，因此更可以感覺出自己的堅強和信心。

古印度的莫臥爾皇帝在一生中也經歷過許多次失敗。有一次，他不得不在一個馬槽裏躲避敵軍的搜捕。作為一國之統帥不得不躲在馬槽裏，他越想越喪

氣，簡直忍不住要衝出去放棄自己的生命。就在這時，他看到馬槽裏有一隻螞蟻在艱難地拖著一顆玉米粒，它試著爬過一道看來它不可能過去的坎。

這已經是第六次了，螞蟻從坎上翻滾下來，但小小的螞蟻似乎沒有意識到困難的巨大，它又一次銜起玉米粒爬了上去，終於它成功地翻了過去。莫臥爾皇帝從中受到了巨大的鼓舞，脫險後他再一次召集軍隊，不屈不撓地與敵人鬥爭，最後他建立了中世紀最後一個橫跨歐亞非的帝國。

對一個人來說，可能發生的最糟糕的事情莫過於他的腦子裏總認為自己生來是個不幸的人，命運女神總是跟他過不去。

其實，在我們自己的思想王國之外，根本就沒有什麼命運女神。我們是自己的命運女神，我們自己控制、主宰著自己的命運。

如果你希望自己成為英雄人物，你一定要激勵自己使你擁有無所畏懼的思想，你絕不能害怕任何事情，你絕不能使自己成為一個懦夫、一個膽小鬼。

如果你一直膽小怯懦，如果你容易害羞，那就不妨使自己確信——自己再也不會害怕任何人、任何事，使你昂起頭、挺起胸來，你不妨宣稱你的男子漢氣概或是你的巾幗不讓鬚眉的氣概。一定要痛下決心剔除你個性中的薄弱點。

無論別人如何評價你的能力，無論你面臨什麼困難，你絕不能懷疑自己能成就一番事業的能力，你絕不能對自己能否成為傑出人物心存疑慮。

要盡可能地增強你的信心，最主要的是，運用自我激勵的辦法可以使你成功地做到這一點。

三 抓住機會才有未來

在一個畫室裏，一個青年站在眾神的雕塑面前。他指著一尊塑像好奇地問道：「這個叫什麼名字？」那尊塑像的臉被它的頭髮遮住了，在它的腳上還生有一對翅膀。雕塑家回答道：「機會之神。」「那為什麼它的臉藏起來了呢？」年輕人又問道。「因為在它走近人們時，人們卻很少能夠看見它。」「那它為什麼腳上還生著翅膀呢？」青年又追問道。「因為它會很快就會飛走，一旦飛走了，人們就再也不會看見它了。」

「機會女神的前額上長著頭髮。」一位拉丁作家曾經這麼說過，「但她的腦後沒有頭髮。如果你能夠抓住她前額上的頭髮，你就能夠抓住她。然而，如果被她掙脫逃走的話，即使萬神之王宙斯也無法將她捉住。」

「那天晚上碰到了不幸的『中美洲』號。」一位船長講述道，「天正漸漸地黑下來。海上風很大，海浪滔天，一浪比一浪高。我給那艘破舊的汽船發了個信號打招呼，問他們需不需要幫忙。『情況正變得越來越糟糕。』亨頓船長朝著我喊道。

『那你要不要把所有的乘客先轉到我的船上來呢？』我大聲地問他。『現在不要緊，你明天早上再來幫我好不好？』他回答道。『好吧，我盡力而為，試一試吧。可是你現在先把乘客轉到我船上，不是更好嗎？』我回答他。『你還是明天早上再來幫我吧。』他依舊堅持道。我曾經試圖向他靠近，但是，你知道，那時是在晚上，夜又黑，浪又大，我怎麼也無法固定自己的位置。

後來我就再也沒有見到過『中美洲』號。就在他與我對話後的一個半小時，他的船連同船上那些活躍的生命就永遠地沈入了海底。船長和他的船員以及大部分的乘客在海洋的深處為自己找到了最安靜的墳墓。」

亨頓船長在曾經離他咫尺卻被他忽略了的機遇變得遙不可及的時候，才意識到這個機會的價值。然而，在他面對死神的最後時刻，他那深深的自責又有什麼用呢？他的盲目樂觀與優柔寡斷使得多少乘客成為了犧牲品！

其實，在我們的生活當中，又有多少像亨頓船長這樣的人，他們在最歡樂的時刻是多麼地易受打擊，多麼的盲目，在命運的面前又是多麼的軟弱無力啊！只有在經歷過之後，他們才頓然清醒地明白那句古老的格言：機不可失，失不再來。然而，這時已經遲了。

「在我們的生命中，總有一些時刻能抵得上許多年的時間。」迪恩·阿爾福特曾經這樣說過，「我們對此毫無辦法。無論是就重要性而言還是就價值而言，

世界上沒有什麼能夠與時空相比。一個小小的失誤，可能就發生在五分鐘內，然而，這就涵蓋了一個人的一生。可是，誰又能夠預料到，這個時候就是我們生死攸關的時刻呢？」

「我們所說的轉捩點，」阿諾德這樣說，「其實就是以前點點滴滴的累積突然間爆發出來的時刻而已。對於那些善於利用這些時刻的人來說，這些偶然間出現的情況是非常重要的。」我們的問題就在於，我們總是在一刻不停地尋找那些所謂的「重要」機遇，希望靠一個「機會」來達到致富或成名的目的。

我們不想有什麼鍛鍊或做什麼學徒，我們只想成為大師級的人物；我們不想學習，只想獲得知識；我們不想工作，只想有巨大的收穫。

四 熱忱讓你立於不敗之地

紐約法律顧問羅勃特．史威比爾以〈熱忱的重要性〉為題寫了一篇論文。他說：「律師接到案子在法庭上辯護時，如何獲致成功？答案永遠是一樣的：準備。除此之外，還需要熱忱。」

什麼是熱忱？熱忱是代表目的或主題的一種強烈的情緒奮起。熱忱的人具有豐富的想像力，毫無恐懼或疑惑，能夠和聽者交流。

發自內心的熱忱會散播，具有極強的吸引力。如果你能夠在法庭上說服陪審

團，連這種最困難的情形都做得到，在其他方面就容易多了。熱忱與興趣缺乏同樣具有傳染力，其中抉擇權在你手中。

這是通用的法則，每個人都可以做得到。把這些「通用的原則」應用到生活與事業上，就能夠獲致成功。

愛默生曾經說過：「缺乏熱忱，難以成大事。」

一位受邀前來鹽湖城摩門大教堂演講的人，原本只預計演講四十五分鐘，但最後卻足足講了兩個多小時還欲罷不能。演講結束時，在場的一萬多名聽眾均起立鼓掌達五分鐘之久。

到底是什麼精彩的演說內容，得到這麼熱烈的迴響？其實，他演講的內容，還不及他演講的方式重要。聽眾是被演講者的熱忱所感動，大多數的人們根本記不清楚他說了些什麼。

熱忱使你不覺得工作辛苦，甚至會使你把它當作一份出自愛心的工作。你的工作熱忱會自動將你的注意力引導到它身上，並且會把縈繞在你心頭的意念，印在你的潛意識裏；同時，你的熱忱也可以像無線電波一樣傳達給別人，和長篇大論或華麗的詞藻相比，你的熱忱能更有力地傳達你的理念，使別人認同你的觀點。

一位非常成功的業務經理說，熱忱是優秀的推銷員最重要的特質。「握手

時要讓對方感覺到你真的很高興和他見面。」他說。

鮑洛奇最初在一家食品店裏賣水果。有一次，食品店旁貯存水果的冷凍廠突然起火，雖撲救及時，但還是有十八箱香蕉被火烤得有點發黃，而且香蕉皮上還沾了許多小黑點。

老闆把這些香蕉交給鮑洛奇，要他降價出售。

鮑洛奇感到十分為難，但老闆交的任務又不得不完成，他只好硬著頭皮將香蕉擺到了攤上，拚命地吆喝起來。但人們來到攤前，看到香蕉的模樣，都失望地走開了，任憑鮑洛奇使出了渾身的解數，竭力解釋，仍是無濟於事，一天下來，鮑洛奇喊破了嗓子，卻連一根香蕉也沒賣出去。

當天晚上，鮑洛奇對著香蕉出神。他仔細地檢查了一遍香蕉，的確沒有變質，雖說皮上有些黑點，但由於煙熏火燒的緣故，吃起來反而別有一番風味。於是，鮑洛奇靈機一動，計由心生。

第二天，他又把香蕉擺了出來，依然是大聲地吆喝，只是吆喝的內容與前一天大不相同：「快來看呀，最新進口的阿根廷香蕉，正宗的南方水果，全城獨此一家，數量有限，快來買呀！」

很快，攤前便圍了一大群人。

「請問，您以前見過這樣的香蕉嗎？」鮑洛奇問一位年輕的小姐，他注意

到這位小姐已經在攤前轉了半天了，只是還一時下不了決心。

「沒見過。不過看上去倒挺有意思的。」小姐回答。

「您嘗一根，我敢保證，您從來沒有吃過這麼好吃的香蕉。」鮑洛奇說著，很快地剝了一根香蕉，遞到小姐的手裏。

「嗯……確實有一種與眾不同的味道。給我來十磅吧。」

起了這樣一個好頭，許多顧客便不再猶豫，紛紛掏錢購買。十八箱香蕉很快以高出市價近一倍的價格被搶購一空，還有許多慕名前來購買「阿根廷香蕉」的人們不得不失望而歸。

值得注意的是：虛情假意是騙不了人的。過分的熱心、刻意地迎合別人，每個人都可以看得出來，也沒有人會相信。

熱忱並非與生俱來，而是後天的特質。你也可以擁有。幾乎每一次和別人的接觸，你都在嘗試推銷某種東西給對方。

因此，你必須先說服自己，你的理念、你的產品、你的服務——或是你自己，是值得肯定的。並且不斷嚴格地檢查，找出缺點，立即改進。要由衷地肯定你的理念及產品。

你有了這種堅定的信念，再養成積極思考的習慣，就能激發出自己的活力與熱忱，發出真誠的光和熱，散播到別的人身上。

五 挑戰失敗

教給你一個反敗為勝的絕妙處方：進行一連串的奮鬥。

有一人畢業於某商學院，後在一家礦業公司連續做了五年的速記員工作。由於「任勞任怨，不計酬勞」，他很受青睞，很快被提升為該公司的總經理。然而不久，因他的老闆宣告破產，他失去了工作。

他的第二個工作是在一家木材廠擔任銷售經理。儘管他對木材生意一無所知，但憑著他的處世良方「任勞任怨，不計報酬」，很快使銷售業績上升，他本人也晉升得很快。他又感覺到了處在「世界最高峰」的舒暢。然而命運之神再次捉弄了他。一九〇七年的經濟大恐慌，一夜之間，使他的事業成為空中樓閣。他分文未剩。

但是他沒有喪失信心。轉而一邊研究法律，一邊當一名汽車推銷員。銷售木材生意的經驗，很快使他的銷售業績興旺了起來，使他獲得進入汽車製造業的良好機會。他開設了一個汽車技術工人訓練班，把一般的工人訓練成專業技術工，極有成效，這使他每月有一千多美元的淨利。

他再度覺得自己又「功成名就」了，當時他依舊認為，所謂的成功就是金錢和權勢而已。然而好景不長，由於他債台高築，他的事業被銀行接管了去。他從一個有一千美元收入的人，突然間又成了不名一文的人。

這幾個短暫的挫折在他的一生中是一筆最大的財富。因為它們迫使他不斷擴充自己的知識，從一個行業到另一個行業積累了更豐富的經驗。

他的第四個工作是到一家世界上最大的煤礦公司當首席法律顧問的助手。但過了一段時間，他提出辭職，原因是那項工作太容易了。太容易的工作容易導致養成懶惰的習慣。只有經過不斷努力和奮鬥才能產生力量與成長。這種力量與成長一旦停止，就會造成虛脫與腐敗。

他的新起點選擇在競爭異常激烈的芝加哥。一個人是否具備真正創業的潛能，可以讓他到芝加哥試一試。他在芝加哥打響的第一炮是任一所函授學校的廣告經理。他對廣告所知不多，但憑著前幾次創業的經驗，他很快又東山再起：兩年賺了五千兩百美元。

在這家函授學校擔任廣告經理時，他出色的表現很令校長佩服，校長鼓動他與自己聯手從事糖果製造業。他們成立了「貝絲．洛絲糖果公司」，他出任該公司的第一任總裁。他們的事業擴展極為迅速，利潤也相當豐富。他又認為自己接近成功了。

然而，就在他自我陶醉的時候，他的合夥人卻因偽造罪名，使他很快賠光了在這家公司所有的股份。他只有再次轉行，到芝加哥中西部一家專科學校教授廣告與推銷技巧。

教學事業進行得很成功。他在這所學校裏開了一門課，同時主持了一所函授學校，幾乎在世界上每個英語國家中，都有他的學生存在。儘管其間經歷了第一次世界大戰的破壞，但他的教學事業仍蓬勃發展。他再度認為自己又接近了成功的終點。

接著，來了一次大徵兵，學校中的大部分學生都被徵召入伍了，他也投入到了為國家服務的行列。

這是他生命中的第六個轉捩點。

戰爭結束後，他思緒萬千，很有感觸。一九一八年十二月十一日，他又走上了另一條道路：從事寫作。這對他來說，是一生中最值得驕傲的事。很奇怪的是他在進入這一行業時，從來沒有想到去探求它的盡頭是否存在著重大的權力，以及無數的金錢。他第一次明白了生命中還有一些比黃金更值得追求的東西。

那就是：對這個世界提供力所能及的最佳服務，不管你的努力將來是否只為自己帶來一分錢的報酬，甚至可能連一分錢的報酬也沒有。

他開始了長達二十年的潛心研究，研究世界五百位成功名人成功的經驗。用了二十年的時間，他完成了具有劃時代意義的八卷本《成功規律》，成為激勵千百萬人獲得財富、獲得成功的教科書，他同時也成為在美國社會享有盛譽的學者。

你千萬不要把失敗的責任推給你的命運，要仔細研究失敗的實例。

如果你失敗了，那麼繼續學習吧。可能是你的修養或火候還不夠的緣故。你要知道，世界上有無數人，一輩子渾渾噩噩、碌碌無為。他們對自己一直平庸的解釋不外是『運氣不好』、『命運坎坷』、『好運未到』。

這些人仍然像小孩那樣幼稚與不成熟，他們只想得到別人的同情，簡直沒有一點主見。由於他們一直想不通這一點，才一直找不到使他們變得更偉大、更堅強的機會。

第二卷　性格決定命運

第一課：自信樂觀的性格與命運

第二課：簡樸務實的性格與命運

第三課：堅忍敢為的性格與命運

第四課：敏感孤獨的性格與命運

第五課：叛逆果敢的性格與命運

第六課：創新進取的性格與命運

第七課：嚴謹理智的性格與命運

第二卷 性格決定命運

第一課：自信樂觀的性格與命運

》自信樂觀是成功者的鋪路石，因為成功使他們內心生長出特別的優越感，所以他們會表現得很自信樂觀。

一 自信樂觀是成功者的鋪路石

自信樂觀是成功者的鋪路石，因為成功使他們內心生長出特別的優越感，所以他們會表現得很自信樂觀。是的，成功者和大富翁們總是很自信樂觀。

現在的問題是：是成功之後他們才自信樂觀的嗎？事實並非如此，拿破崙說：「我成功，是因為我志在成功！」是因為對成功的自信促成了自己的成功。自信是什麼呢？自信就是相信自己會成功、自己能行的一種樂觀的心理狀態。

球王比利的名聲可謂是如雷貫耳。但是如果告訴你比利曾是一個自卑的膽小鬼，你也許不會相信，但這是事實。

「我為什麼總是這樣笨？」當時的比利可沒後來瀟灑，當他得知自己入選了巴西最有名氣的桑托斯足球隊時，竟緊張得一夜未眠，一種前所未有的懷疑和恐懼使比利寢食不安，因為他缺乏自信樂觀。

比利終於身不由己地來到了桑托斯足球隊。「正式練球開始了，我已嚇得幾乎快要癱瘓。」他就是這樣走進這支著名球隊的。第一次教練就讓他上場，還讓他踢主力前鋒。

緊張的比利半天沒回過神來，雙腿像是長在別人身上似的，每當球滾到他身邊，他都好像看見別人的拳頭向他打過來。他就是被逼上場的，而當他一旦邁開雙腿，便不顧一切地在場上奔跑起來，他眼中便只有足球了，恢復了自己的足球水準。

那些讓比利深深畏懼的足球明星們，其實並沒有一個人輕視比利，而且對他還相當友善，如果比利自信心稍微強一些，也不至於受那麼多的精神煎熬。問題是比利從小就太自尊，自恃太高，以致難以滿足。

他之所以會產生緊張和自卑，完全是因為把自己看得太重，一心只顧著別人將如何看待自己，而且是以極苛刻的標準為衡量尺度。這又怎能不導致怯懦和自卑呢？極度的壓抑會淹沒一個人所具有的活力和天賦。

強者並不是天生的，強者也有軟弱的時候，強者之所以成為強者，正在於他們善於戰勝自己的軟弱。比利戰勝自卑心理的過程告訴我們：

1不要理會那些使你認為你不能成功的疑慮。

勇往直前，即便失敗也要去做做看，其結果往往並非真的會失敗。醫治自卑

的對症良藥就是：不甘自卑，發奮圖強。

2必須對自己的實力有一個正確的估計。

每個人都有超過其他人的天賦和才能，揚長避短，既是建立自信的有效途徑，也是致勝之道。

一些積極主動的人總是因為自信心的毀滅而消極被動起來。他們逐漸對自己失去信心。這種微妙的心理暗示作用，使他們的創新精神遭到極大的削弱。他們逐漸失去了大刀闊斧、雷厲風行地果斷處理一切事情的能力，他們很快會對一些重大事情變得畏首畏尾，不敢做出決定。他們的思想很快變得動搖起來，不再像以前那樣成為領導者，而是成為追隨者了。

我們大腦裏貯有一種神祕的力量，它所產生的思想力量能幫助人們實現堅決去做的那一切。這種滿懷信心的期待能使我們集中所有的精神力量去成就一番事業，這種力量總能呼之即來，不管我們為什麼呼喚它，它總能按我們的決定和命令行事。

二 自信是人生的支撐力

性格是一個人能否成大事的關鍵因素之一，有人說，「性格直接決定一個人一生的成長」，因而我們一定要重視性格的培養和發展，以免在這個方面陷入困境。有許多一事無成的人，總以為是自己能力不夠，而不是性格方面出了問題。在此我們首先要探討的問題是：一個人能否具有自信的性格很重要。請你多加留意，很多人的失敗也許就是因為缺乏自信，過於懦弱造成的。

自信是什麼？自信就是相信自己一定能做成自己想做的事，也就是說，遇到困難，從來不打退堂鼓。

當然，自己相信自己必須是從無數的嘗試和一再地堅持中形成的，表裏如一地努力就會使人在這種「我是誰」的轉變中獲得成功。

如果一個人要想獲得成功，脫穎而出，成為生活和工作中的優勝者，就應該首先在心目中確立自己是個優勝者的意識。同時，他還必須時時刻刻像一個成功者那樣思考，那樣行動，並培養身居高位者的廣闊胸襟，這樣，總有一天他會心想事成，夢想成真的。

身邊的朋友或同事們對自己的看法，也會深深地影響我們對自我的信念。還有，時間也影響著自我的信念，過去、現在和未來，你是什麼樣子，你評價自己的標準又是什麼呢？例如一個人在十年前過得並不如意，但他想像著有一個美好的未來，並極力為此目標奮鬥。

結果，今天的他正是當年他心目中確認的那個「未來形象」。由此可見，你以什麼樣的標準來看不同時期的自我，決定著你自我觀念的發展方向的不同。

一旦你改變那些自我觀念，你的人生也會隨之改變。你的人生將會更有意義和價值。

三 收斂自負的鋒芒

自信、自負與鋒芒太露這三者涉及的是一個共同的問題，即如何看待自己的能力。自信是一種好的性格，一個人要想做好任何事，都必須首先相信自己的能力。自負的人都過高地估計自己，自以為了不起，實際上他並不像他自己認為的那樣。鋒芒太露的人是把自己的能力才幹過分地張揚。

這三種性格的表像涉及對自身能力、才幹怎樣合理定位的問題。自信的人表現為相信自己的能力，但表現謙虛、不自詡；自負的人誇大自己的能力，自以為了不起；鋒芒太露的人相信自己的能力，但太過張揚和顯露。

自信是成功者的性格；自負不可避免地導致固步自封和停滯不前；而鋒芒太露會令人討厭，四處樹敵，沒有不招致失敗的。

相信自己、高估自己與顯露自己似乎很難用確切的標準衡量，這正是我們主張不能簡單化地看待一個人的性格的理由，也正印證了我們關於一個人的性格是個複雜體的論斷。對一個人的行為表現，你怎麼判斷他是自信、自負，還是鋒芒太露呢？

讓我們先從方向上看，自信主要是內示行為，其目的也主要是鼓舞自己達到成功；自負雖然也是內示行為，但它令自我膨脹，看不到任何高於自己的人和事；而鋒芒太露是向外的，誇耀自己才能的目的無非是給外人聽或看。

當然，自信有時也表露或宣洩，但其方向仍是對內加強自省自勵，以達勝利；自負則是自我陶醉、自我欺騙；而鋒芒太露不管透過什麼方式，則完全是故意向外人炫耀自己。

一個人在攀登高峰時、在克服困難時、在接受挑戰時，尤其需要十足的信心。具有自信性格的人致力於事業、科學、工作、理想等等；自負的人則是孤芳自賞，並無遠大的追求，是一種自私的表現；鋒芒太露的人，之所以顯露鋒芒，不管他怎麼把自己說得高尚，說到底都是在為自己，為自己的私欲、為自己能升官、為自己能獲得一切利益等等。

人在年輕時有些自負或鋒芒太露也很難免。由於個人的個性（即性格）是有很多層面的，不讓其鋒芒太露幾乎不可能。所以有的人即使到了中老年也很難克服自負和鋒芒太露的毛病，尤其是在人們盛讚「自信」是多麼偉大、多麼富有魅力時，人們往往把自負、鋒芒太露說成是自信的表現，這就更顯示性格是個多面體、多稜鏡，是個複雜的難以理解的命題。

你究竟偏向哪一種更多呢？如果你有在公眾或他人面前自我炫耀、自我顯露

的癖好，那無疑你的性格就有鋒芒太露的傾向；如果你在內心中老是瞧不起這個、瞧不起那個，總覺得比這個也強、比那個也不弱，那你肯定有自負的傾向。

當你學會了謙虛，能夠不再故意顯示自己，能夠保持平靜心態，不在內心裏與別人較勁，那你就是一個既不自詡如何好，也不自餒如何差的具有自信品格的人了。

四 自我肯定是奠定自信的基石

當一個人面對失敗時，若是產生自怨自艾的想法，將會招致嚴重的挫折感。這就是極度脆弱的性格！極度脆弱的性格會長久地深植在我們身上，而且不斷地在我們的想法和行為上表現出來。

一旦你的腦海裏有失敗的感覺，你的外在行為將會表現得和你的想法一致，而且愈陷愈深。由此，你開始變得更加脆弱！

這種情況會持續且愈變愈糟，除非你脆弱的性格能消除。以銷售員為例，當他處於長期的業務低潮後，若是能創下一筆驚人的銷售業績，則在他心中長久以來的低落情緒，將可戲劇性地一掃而空。

自我肯定能誘發光明積極、活潑開朗的性格而漸漸奠定信心的基石，有了自信為基礎等於向成為英雄豪傑的目標邁進了一大步，因此而成功立業的典型真是細數不盡。

俄國偉大的醫學家米契克夫總是充滿自信，他從小就養成積極自我肯定的性格，尤其是青年時代，常常對自己或別人宣示：「我的才能出眾，對事物熱中的程度無人能比，並能專心一致，我成為著名學者，是指日可待的事。」

把你的理想或決定向別人宣示，無異於訂下不能反悔的契約，實不失為自我肯定的好辦法。這種作法能把自己推向目標，努力邁進，產生一種鞭策的效果。

日常生活中能自我肯定的途徑很多，以「戒菸」為例，自己先痛下決心，再四處向親友宣佈此項決定，結果就有人因此而戒除菸癮，這種自我肯定的方法，與米契克夫的自我肯定具有異曲同工之妙，儘管其內容、範圍有大小之別。

如果自我肯定過於勉強，往往會帶來相反的效果，但反覆地自我肯定，仍是有助於消除反效果，所以勉勵自己、勇於作為，仍不失為好現象。米契克夫因此而成功，就是一個範例。

五 走出煩惱的陰影

不自信樂觀的人往往把周圍環境當中每件美中不足的事情都放在心上，對周圍事情的指責和消極的念頭捆住了他們的手腳，使他們很難再去體驗歡樂。他們認為一切事情都會糟下去，而且無意中造成自己不愉快的局面，使他們的預言實

現。

這種性格的人往往被「情緒包袱」壓得喘不過氣。他們總想著過去，一講話便是從前的災禍、現在的艱難和未來的難以預測。

對於失敗者來說，從來沒有一件事情是滿意的。當他們終於得到了所向往的東西的時候，他們又不再想要了；如果失去了的話，他們又一定要找回來。他們不斷重複自己消極洩氣的想法，把不幸和煩惱作為生活的主題。即便在平安無事、一切順利的時候，也習慣於只琢磨生活當中那些令人消極洩氣的事情。他們覺得不幸和氣憤的時間太多。他們總是喜歡喋喋不休地發表消極洩氣的言論。他們說洩氣話，指手畫腳，令人難堪，使別人同他們疏遠起來。

這種性格的人常常由於似乎難以解決生活中的難題，而失去活力，陷於失望，無所作為。在遇到麻煩和苦惱的時候，他們往往把精力用在責怪、發牢騷和抱怨上。

這種性格的人習慣說許多帶「不」字的話，例如不能如何、不要如何、不應該如何等等。他們最常用的形容詞是糟糕、討厭、可怕和自私。他們沒完沒了地指責別人為什麼不如何、怎麼沒有如何。

而成功者往往為自己四周的美好事物和自然的奇蹟感到歡愉。他們對於鮮花含苞待放、雨後空氣清新之類的小事也很喜愛。

自信樂觀的性格是成功者關鍵性的品質之一，他們把自己的思想和談吐引申為振奮鼓勁的念頭和看法。有自信樂觀性格的人體驗得到現實存在的美好事物。他們把過去當成借鑒參考的資料庫，對未來充滿無限希望、歡樂。

具有自信樂觀性格的人喜歡同別人交往，不論自己有所收穫還是對別人有所幫助，都喜形於色。他們對參與了的活動都從好的方面加以評講談論，同別人相處時也很熱情。即使處於嚴峻的環境或災禍之中，有自信樂觀性格的人也會發掘出積極因素，鼓起勇氣向前邁進，使情況有所改善。

有自信樂觀性格的人在感到煩惱的時候，會動手去扭轉所處的局面。他們知道，要過得順心愉快，權力在自己手中。

有自信樂觀性格的人善於用「情緒吸塵器」清除掉自己的煩惱念頭和悲觀情緒。他們在頭腦裏儲存的是「好、妙極了、親切、重要、喜歡、高興、了不起」一類的詞語。

所以，你一定要自信樂觀起來。

第二課：簡樸務實的性格與命運

» 如果你是一個渴望成功的人，必須甘於做出犧牲。

一 成功必須挑戰自我

如果你是一個渴望成功的人，必須甘於做出犧牲。必須為了夢想去辛勤工作，必須樂於去做一切達到成功所必須的事情，必須要有一種獻身的精神，獻身於自己，獻身於自己的目標。要發揮你自己的獨創性，要願意去掌握各種必要的知識，提高自己的能力。

你必須從現在就開始行動。要養成一種良好的習慣，必須完成的事情，就及時完成。這並不是要求一個人第二次接手就必須把什麼都做好，這是一個太高的要求，沒有人能夠達到。

我們都在不斷實踐中學習。最重要的是，不要害怕被人嘲笑，要敢於行動。一個不行動的人，只能等著天上掉下餡餅來，只能寄希望於運氣。

對於不可預知的事情，要處之泰然。應該把生命看做一場冒險，要勇敢大膽，不拘一格，解放自己的想像力和創造力。要為自己找到一條獨一無二的旅程。敞開心靈，多聽，多學，把握機會。

如果你滿足於平庸，那麼就不要希望自己還能有更大的成就；如果是過於慵懶，或者是過於膽怯，不去為自己所希望的生活而努力，那麼成功永遠是可望而不可即。

要得到理想的結果就必須付出勞動，只有美麗的心願並不能使自己的夢想成

真。這裏，工作並不會那麼枯燥，因為我們所做的，正是自己希望從事的事情，所以在為之付出勞動的過程中，我們也會滿心歡喜。這時候，無論是在為結果而努力的過程中，還是在最終達到結果的一剎那，我們都會感到快樂。

我們能達到怎樣的成功，這取決於我們的意識。事實上，我們可以成為自己所想像的樣子：我們是希望去支配自己的思想，還是被思想支配？是將我們有限的生命用在對社會有益的事情上，還是讓它無聲無息地消失？

環境並不是最重要的決定因素。真正重要的，是我們面對環境的態度。我們不應該讓恐懼成為我們實現夢想的絆腳石，失敗、挫折恰恰可以轉變成為挑戰。**要投入到生活中去，要成為你自己。要追求自己的目標，同時，也記得把手伸給別人。**

要成為對別人有益的人。就要負責任、有同情心；不論置身在什麼境地，都要有一種積極健康的心態。

善於發現自己

有人曾問古希臘犬儒學派創始人安提司泰尼：「你從哲學中得到了什麼呢？」

他回答說：「我發現了自己的能力。」

正是這種能力的獲得，使人的思想和情感有了往高尚和純粹境界提升的可能。

一個人如果缺乏發現自己的能力，也就是缺乏對自己的審查、懷疑、反省、懺悔的能力，缺乏深入探究事物真相和本質的能力。他便會被自己蒙蔽，糊裡糊塗地虛耗和損害自己的生命，甚至給別人、給社會帶來傷害。

「不識廬山真面目，只緣身在此山中。」我們是很難有自知之明的。倘若你既沒有自知之明又狂妄自大，就如一個人衣冠楚楚，彬彬有禮，一派紳士風度，卻在屁股後面露出一根毛茸茸的尾巴，讓人忍不住發笑。事實上，這類笑話是司空見慣的。

其實發現自己，就是發現另一個自己，發現假面具後面一個真實的自己，發現一個分裂的自己的各個部分，發現自己的局限、偏見、愚昧、醜陋、冷漠、恐懼，發現自己的熱情、靈感、勇氣、創造力、想像力和獨特個性。

事實上，一個人多多少少是分裂的，在分裂的各個自我之間進行平等、理性的對話，正是一個人的內省過程，正是一個人的悟性從晦暗到明亮的過程。正如真理愈辯愈明，在各個自我之間的訴說、解釋、勸慰乃至激烈的辯論中，我們心靈深處的仁愛、智慧和正義感才有可能浮出海面。

安提司泰尼是善於發現自己的人。他看到鐵是被鏽腐蝕掉的，他評論說，

嫉妒心強的人被自己的熱情消耗掉了，他是在同自己的嫉妒談話，對自己潛伏著的嫉妒做出嚴正警告。他常去規勸那些行為不軌的人，有人便責難他和惡人混在一起，他反駁道：醫生總是同病人在一起，而自己並不感冒發燒——他是在同自己的德行和自信談話。一次，惡棍們為他鼓掌，他說：我很害怕自己做了什麼錯事——他是在同自己的警惕性談話。他認為：一個想不朽的人，必須要忠實而公正地生活，必須是在同自己的信念談話……

發現自己，既是一種能力和智慧，又是一種德行，一種高貴的人格境界，更是認識自我，發揮潛能的能力。

三 簡樸務實的性格與命運

被美國商界譽為「石油大王」的洛克菲勒，他精於盤算，精於籌劃。冷靜而機智，十分務實，不尚虛談，能以小見大，以算計聚斂財富。

在美國紐約第五大道上，聳立著洛克菲勒中心的五十三層摩天大樓，這裏也是標準石油公司的所在地。標準石油公司創立之初（一八七〇年）僅有五個人，今天該公司擁有資金五百到六百億美元，這個公司的一舉一動都牽動著國際石油市場的每一根神經。它的核心人物就是洛克菲勒。

洛克菲勒的財富雖然不是算計出來的，但卻與他精於算計、精於籌劃的性

格密切相關。在他十二歲時，他把父親給他的零用錢全都積存起來，並把這些錢貸給了農民。一次，他給農民借貸了五十元，他為父親算賬：「利息7.5%，到了明年就能拿到三．七五元的利息。」

在不到二十歲時，洛克菲勒就和一個英國人合夥開了一家公司。因合夥資金不足，他向父親借了一千元，利息為10%。他們苦心經營，年底盈利四千元。他們在經營中處處節儉，儘量節省費用。他的合夥人曾經感慨地說：「洛克菲勒有條不紊到了極點，留心細節分毫不差。」

洛克菲勒一直有著儲蓄的習慣，自己積蓄了一定的資金，也能夠從別人那裏借到一部分錢，因為他有良好的信譽。

一八六四年，洛克菲勒和羅拉舉行了婚禮。羅拉的父親有地位、有名望，這為他的事業的發展帶來了極大的好處。

二十六歲時，洛克菲勒創建了自己的公司——洛克菲勒．安德魯斯公司。一八七〇年，他正式創建了標準石油公司。經過競爭兼併，他確立了自己在美國石油業的霸主地位。一八八二年，美國誕生了第一個托拉斯，這個托拉斯的鼻祖就是洛克菲勒。

現在，「洛克菲勒帝國」已日益龐大，資產亦日益雄厚，但洛克菲勒主持下的托拉斯對賬目的監管仍然是嚴格的。洛克菲勒能夠準確地查閱報給他的生產經營成本和各項開支，並詳細瞭解銷售和利潤情況。洛克菲勒透過嚴密的查賬制度，控制和監視著分公司、子公司的生產經營狀況，托拉斯每三個月查賬一次，有人提出改為每半年查賬一次，卻遭到洛克菲勒的拒絕。他要求每天早上他上班時，資本淨值的報表必須在他的桌子上放著。

為了增加利潤，洛克菲勒往往採用薄利多銷的經營手段和「分割」別處的利潤，在石油還用木桶裝運時，木桶有專門生產商為他加工。後來，他發現木桶生產商利潤較大，他便買下了為他生產木桶的工廠，轉由自己生產木桶。

後來，洛克菲勒又經過壟斷擠垮了其他企業，還藉美國內戰、普法戰爭，大發戰爭財。

十九世紀末，洛克菲勒公司遭到輿論的鞭撻和譴責，標準石油公司幾次被官方調查，洛克菲勒不得不出庭為他的托拉斯辯護。在民眾一片反壟斷的呼聲中，美國通過了「反托拉斯法」。當時洛克菲勒的聲譽受到很大的影響，年近六旬的洛克菲勒便決定退出業界，轉向慈善事業。

雖然洛克菲勒一向厲行節約，但在興辦慈善事業時則是慷慨大方，但他也是有原則的。對捐款的用途、使用方法都提出了嚴格的要求。比如，他在給學校捐款時，拒絕捐款於校舍的建設及日常花費，而是要求把錢放在學校的基金會；不希望任何學校或組織指望他負責所有的經費來源；如果他的資金沒有很好地被

利用，他會把錢轉向其他組織。這些看似簡單的原則，則顯示出了洛克菲勒的獨特的經濟頭腦及經營理念，凸顯他在金錢上細緻入微的算計。

洛克菲勒的捐款直接促使了芝加哥大學的誕生。在十年的時間裏，洛克菲勒的捐款累計達三千四百多萬美元。在一九一〇年，芝加哥大學創建二十三周年時，洛克菲勒的捐款已高達四千五百萬美元。

此後，洛克菲勒的捐款領域越來越多：教育、醫療、科學研究等等。為此，洛克菲勒專門成立了一個基金會，以妥善管理捐款及其合理使用。

後來，洛克菲勒還把他的捐款擴展到美國以外的其他國家和領域，主要是向一些落後國家和地區捐款修建醫院。中國北京的協和醫院最早就是由洛克菲勒基金會捐款修建的。

洛克菲勒曾經捐資哥倫比亞大學，而洛克菲勒家族從哥倫比亞大學得到了紐約市中心的產業，建造了洛克菲勒中心摩天大樓。他把錢轉到了基金會，這樣可以避免美國的高收入、高稅額的政策，既可以保留財產，又可以控制這些錢。

有其父必有其子，他的兒子小洛克菲勒也是如此。洛克菲勒去世時私人財產估計為四十億美元，除了半數交給妻子外，其餘大部分放在別的基金會，這樣可以避免高額的遺產稅，洛克菲勒這種一舉多得的方法，既為自己挽回了面子，又保留了鉅額資金。

儘管洛克菲勒很富有，卻始終過著節儉的生活，他很少為自己買新衣服。飲食方面也不講究，愛吃麵包、喝牛奶，餐桌上的食品一向簡單。他的莊園也以簡單舒適為主，不願意過度奢華。

人們曾把洛克菲勒的成功歸結於「節儉致富」，儘管性格中克己的一面有助於他的成功，但不是最主要的。洛克菲勒由一個小小的會計助理，成為億萬富翁，是多種因素促成的，節儉是一個很重要的方面。由於他的精於計算，他成了石油大王。

第三課：堅忍敢為的性格與命運

》一個人要學會忍耐，也不能放棄一身正氣，碰到公正有理之事時，你要據理力爭，以正壓邪，而不能喪失一個人的人格。

一　堅持就是一切

「忍」這種性格的好處就是：人的一生當中會遇到很多問題，如果你能忍一忍，並學會調節自己的情緒和心態，以後即使遇到大的問題，自然也就能忍受，也自然能忍到最好的時機再把問題解決，這樣才能成就大事業！

當然，我們要把能忍之人與人們平常所說的「窩囊廢」區分開來，千萬不要

去做後者。一個人要學會忍耐，也不能放棄一身正氣，碰到公正有理之事時，你要據理力爭，以正壓邪，而不能喪失一個人的人格。換句話說，忍也要看忍的對象、範圍和忍的程度。大事忍，小事也忍，無理時忍，有理時也忍，這就真是一個「窩囊廢」了。

當一個人處於一種弱勢的時候，要學習一種「忍」的本領，小不忍則亂大謀！人活於世，做人做事若能「率性而為」，那人生就沒什麼可遺憾的了。但人的一生中，總會遇到許多人際關係和事業上的不如意，這些不如意需要你以智慧和耐心去解決，而不是靠你一時的喜惡和脾氣來對待。

遇到問題就由著性子去做，也許有時候你真的解決了問題，但也可能為你自己的將來埋下了禍根。因為你可能得罪了很多人，即使他們當時不說什麼，日後還是會伺機報復的。這樣下去，對你的事業和人際關係就會破壞多、建設少，甚至還有可能帶來毀滅。

尤其你一旦給人留下「不能控制情緒」的印象，那真的是難以翻身。所以那些落魄的人、自我毀滅的人，多半是一些性情中人。這一點，只要我們多加觀察就可明白。

或許你會說，某人有顯赫的家世、雄厚的家產，當然可以「任性而為」。這種人也就隨他去了，因為如果他想任性而為，別人也勸不了。問題是，這種「任性而為」對他來說並沒有什麼益處，而且結果常常是毀了他自己！

無論在事業上還是人際關係上，遇到不如意時，請你別說「只要我喜歡，有什麼不可以」，而是應該：

1忍耐！

2衡量輕重。

3然後再做出決定。

審視一下你自己，如果你的性情不好，那就要試著改變它，切不可任由自己的壞性情隨意而為！

無論是誰在社會上行走，「忍」字都很重要。一個人不可能在任何時間、任何場合下都事事如意，有些事情怎麼也無法解決，有些事情可能沒法很快解決，所以你只能忍耐！

當然，每個人遇到的情況都不一樣，因此什麼事該忍，什麼事不該忍，並沒有絕對的標準，但在一種情形下，你必須忍，當你的形勢比人弱時！

因此，當你身處困境、碰到難題時，想想你的遠大目標吧！為了大目標，一切都可以忍！千萬別為瞭解一時之氣而丟掉長遠目標。

二、堅忍敢為有助於你走出逆境

已故的威廉．波里索，即《十二個以人力勝天的人》一書的作者，曾經這樣說過：「生命中最重要的一件事，就是不要把你的收入拿來算作資本。任何一個傻子都會這樣做，但真正重要的事是要從你的損失裏獲利。這就需要有才智才行，而這一點是一個聰明人和一個傻子的本質區別。」

波里索說這段話的時候，他剛好在一次火車失事中摔斷了一條腿。卡內基也認識一個斷掉兩條腿的人，他同樣是一位從不幸中頑強崛起的好漢。他就是班．福特生。卡內基是在喬治亞州大西洋城一家旅館的電梯裏碰到他的。在卡耐基踏入電梯的時候，注意到這個看上去非常開心的人，兩條腿都斷了，坐在一張放在電梯角落裏的輪椅上。當電梯停在他要去的那一層樓時，他很開心地問卡內基是否可以往旁邊讓一下，好讓他轉動他的輪椅。「真對不起，」他說，「這樣麻煩你。」，他說這話的時候臉上露出一種非常溫暖的微笑。

當卡內基離開電梯回到房間之後，除了想起這個很開心的經歷，什麼事情他都不能思考。於是去找他，請他說說他的故事。

「事情發生在一九二九年，」他微笑著告訴卡內基，「我砍了大堆胡桃木的枝幹，準備做菜園裏豆子的撐架。我把那些胡桃木枝子裝在我的福特車上，開車回家。突然間，一根樹枝滑到車上，卡在引擎裏，恰好是在車子急轉彎的時候。車子衝出路面，我撞在樹上。我的脊椎受了傷，兩條腿都麻痺了。出事的那年我才二十四歲，從那以後就再也不能走路。」

一個人才二十四歲，就被判終生坐輪椅生活。卡內基問他怎麼能夠這樣勇敢地接受這個事實，他說：「我以前並不能這樣。」他當時充滿了憤恨和難過，也抱怨他的命運。可是時間仍一年年過去，他終於發現憤恨使他什麼也做不成，「我終於瞭解，」他說，「大家都對我很好，很有禮貌，所以我至少應該做到，對別人也有禮貌。」

卡內基問他，經過了這麼多年，他是否還覺得那一次意外是種不幸？他很快地說：「不會了，」他說，「我現在幾乎很慶幸有過那一次意外。」他告訴卡內基，當他克服了痛苦之後，就開始生活在一個完全不同的世界裏。他開始看書，對好的文學作品產生了喜愛。

他說，在十四年裏，至少讀了一千四百多本書，這些書為他帶來嶄新的世界，使他的生活比他以前更為豐富。他開始聆聽很多音樂，以前讓他覺得煩悶的偉大的交響曲，現在令他非常感動。可是最大的改變是，他現在有時間去思考。「有生以來第一次，」他說，「我能讓自己仔細地看看這個世界，有了真正的價值觀念。我開始瞭解，以往我所追求的，大部分一點價值也沒有。」

讀書使他對政治有了興趣。他研究公共問題，坐著他的輪椅去發表演說，

由此認識了很多人，很多人也由此認識他。後來，福・符特生，仍然坐著輪椅，成了喬治亞州政府的祕書長。

卡內基在紐約市辦成人教育班時，發現很多成年人最大的遺憾是沒有上過大學，他們似乎認為沒有接受大學教育是一個很大的缺陷。但有成千上萬很成功的人，連中學都還沒有畢業。

所以他常常對這些學生講一個人的故事，那個人甚至連小學都沒有畢業。他家裏非常窮苦，當他父親過世的時候，還得靠他父親的朋友們募捐，才把他父親埋葬了。父親死後，他母親在一家製傘廠裏做事，一天工作十個小時，還要帶一些工作回家做到晚上十一點。

在這種環境下長大的這個男孩子，曾參加當地教堂舉辦的一次業餘戲劇演出活動。演出時他覺得非常過癮，因而他決定去學演講。這種能力又引導他進入政界。三十歲的時候，他就當選為紐約州的議員，可是他對此一點準備也沒有。事實上，他甚至不知道這是怎麼回事。他研究那些要他投票表決的既冗長又複雜的法案，可是對他來說，這些法案就好像是用印第安文字所寫的一樣。在他當選為森林問題委員會的委員時，他覺得既驚異又擔心，因為他從來沒有進過森林一步；當他當選州議會金融委員會的委員時，他也很驚異而擔心，因為他甚至不曾在銀行裏開過戶頭。他當時緊張得幾乎想從議會裏辭職，只是他羞於向他的母親承認他的失敗。在絕望之中，他下決心每天苦讀十六個小時，把他那無知的檸檬變成一杯知識的檸檬水。這樣努力的結果，使他自己從一個當地的小政治家變成一個全國的知名人物，而且《紐約時報》也稱呼他為「紐約最受歡迎的市民」。

這就是艾爾．史密斯。

艾爾．史密斯親口告訴卡內基，如果他當年沒有一天苦讀十六個小時，化負為正的話，所有這些事情都不可能發生。

尼采對超人的定義是：「不僅是在必要情況之下忍受一切，而且還要喜愛這種情況。」

三 不堅忍性格的缺點

每一個人都渴望成功，也都願意為成功而付出，可是我們卻很少有人能做到堅忍。看看那些一生中沒有取得成功的人，他們不是沒有能力，也不是沒有機遇，就是因為做不到堅忍，結果不是與成功擦肩而過，就是事倍功半。

上面講述了堅忍型性格的幾大優點，那麼不堅忍性格的缺點又有哪些呢？

不堅忍的人往往都是目光短淺、急功近利的人。成功，就像樹上結的果實。你若想取得成功，就得耐心地呵護這棵樹，春季裏為其鬆土施肥，修枝剪葉；夏

季裏除草噴藥，驅蟲防雹；秋冬裏晝夜看守，防別人偷搶。等果子真正熟了，才能採摘。吃，香甜可口；賣，也能賣個好價錢。

不堅忍的人是不能等到果子熟了那一天的，他們不能忍受春季的辛苦勞作，不能忍受夏季酷暑炎熱。不等果子成熟，就去吃就去賣，結果可想而知，一切前功盡棄。

成功往往就離你五步，如果不能堅忍，只看到腳尖的尺寸之圍，往往會揀了芝麻丟了西瓜。不堅忍的人往往是急功近利之人，殺雞取卵，最後只能兩手空空。

要想成為一名名作家、自由撰稿人，就得在文字、想像力、思想境界上取得非常高的造詣才行。這位編輯先從文字功底、寫作技巧上對他加以輔導，並且在思想上、做人方面加以指導。

就如同呵護一棵樹，才能做到厚積薄發。

四 培養堅忍的技巧

堅忍，是一種優秀的品格，因此，它能夠慢慢培養。跟其他性格一樣，堅忍是奠基在固定的因素上的，這些因素是：

1恒久的遠大目標：知道自己需要什麼，是發展堅忍的重要的一步。強烈的驅動力會促使一個人去克服許多困難。

2強烈的欲望：一個人在追求欲望強烈的目標時，會較為容易獲得支持堅忍的精神。

3有自信心：相信自己有能力實現計劃，可以鼓勵一些人利用堅忍的精神來執行計劃。

4固定的計劃：組織化的計劃，即使它們是薄弱而不實用的，也可以鼓舞堅忍的精神。

5博學的知識：如果以猜測來代替精確的知識，你會在失望中摧毀堅忍的精神。

6熱忱的合作：熱忱、瞭解和與別人的合作諧調，能促使一個人培養堅忍的精神。

7堅忍的意志力：把一個人專注思想的習慣，用在獲得固定目標的籌劃上，會導向堅忍。

8良好的習慣：堅忍是良好習慣的直接導因。

第四課：敏感孤獨的性格與命運

» 孤獨的人喜歡獨處，不善交際，如果能把全部精力運用於事業，對事業任勞任怨，往往能有很大成就。

一 孤獨型性格

「我實在是一個『孤獨』的旅客，我未曾全心全意地屬於我的國家，我的家庭，我的朋友，甚至我最親近的親人；在所有這些關係面前，我總是感覺到一定距離並且需要保持孤獨——而這種感覺正與年俱增。」愛因斯坦曾經這樣寫道。

二十世紀偉大的科學家愛因斯坦以他的相對論開闢了當代物理學的新紀元。他也是原子時代最偉大的科學家，是有史以來人類歷史上最傑出的知識份子，「愛因斯坦的一生，在人類對宇宙認識的貢獻上是無與匹敵的，已被確認為是整個人類歷史上的科學巨人。」

偉大的愛因斯坦是孤獨的，正如他自己所說的，他是「孤獨的旅客」。孤獨性格往往是一種深刻的境界，是一種常人所無法理解的層次，他的孤獨是一種狀態，是一種力量，是他唯一可感知可把握的。

愛因斯坦一八七九年出生在德國的烏爾姆城，父母均為猶太人。愛因斯坦在瑞士讀完高中，一九○五年在伯爾尼大學獲博士學位。愛因斯坦先後在德國和美國居住、生活，經歷了兩次世界大戰，更由於他是猶太人，即使他已經是享譽全球的科學家，也難逃遭希特勒納粹迫害的厄運。這一切為他輝煌的一生注入了許多坎坷與不幸。

然而在常人看來，他身上有許多不為人理解的怪癖：他常常忘記帶家中的鑰匙，甚至在結婚當天，喜宴結束後，他和新娘返回住所時不得不喊房東太太開門。在生活上，愛因斯坦不修邊幅，在他獲得諾貝爾獎之後，仍是這樣，頭髮蓬亂，以致來求見他的年輕人不敢相信眼前這位就是大名鼎鼎的愛因斯坦。

移居美國後，愛因斯坦的生活狀況有了大的改觀，但在穿著上，他依然很隨便。他經常穿著一件灰色的毛線衣，衣領上別著一枝鋼筆，不穿襪子，甚至連面見羅斯福總統時，也沒有穿襪子。

作為一代科學大師，愛因斯坦絲毫沒有忘記自己的社會責任感。兩次世界大戰使他的祖國千瘡百孔。一瞬間，有人把它變成了瘋狂的野獸，並把這種瘋狂變成每個人心目中的枷鎖。於是放火、殺戮，彷彿成為唯一正義的事業。整個祖國背叛了愛因斯坦，他為此陷入深深的苦悶與孤獨之中。

他把他周圍的知識份子當成自己的祖國，但他們並沒有為自己保持一點操守。在一個為軍國主義的暴行辯護的被稱為《文明世界的宣言》上，在眾多科學家中，只有包括愛因斯坦在內的四人為反暴行簽了名。

在普魯士科學院的會議廳裏，愛因斯坦身邊的兩把椅子是空的，沒有人敢靠近他。其實，他只是一個做實驗的物理學家。但他卻被視為一個危險分子，他的周圍充滿了敵意。他的祖國拋棄了他，他的周圍的知識分子拋棄了他。就這樣，他成了一個孤獨者。

但比起那些死於汽油與火的猶太人，他畢竟還是幸運的，後來，他可以自由地在美國的土地上呼吸。

剛剛脫離了政治迫害，他便把全部的激情獻給了政治鬥爭。他開始全身心地投入各種公開和祕密的反戰運動，他召喚更多的人為和平而戰。

一九二一年，愛因斯坦第二次獲得了諾貝爾物理學獎，在此期間，他一如既往地保持著獨自思考的性格。他在那裏幾乎與世隔絕。愛因斯坦對科學和事業的追求透過孤獨表現出來。在那裏，他才能找到自我，和他探索的宇宙融為一體。

孤獨帶給愛因斯坦無限的歡樂和寧靜。他在孤獨中獲得一切，是別人所無法體驗的。成名後，各種應酬、社會活動卻接踵而至，令愛因斯坦非常頭疼。

他生性孤獨，不願花太多時間在其他方面。在美國生活的幾十年中，愛因斯坦一直過著寂寞寧靜的生活。

二 如何戰勝生活中的孤獨

孤獨有時候也有不好的一面，會讓人心情變壞，每個人都有孤獨的時候，但並非都能夠戰勝自己的孤獨。

孤獨，並不是獨自生活，也不意味著就是獨來獨往。一個人獨處，可能並不感到孤獨；置身於大庭廣眾之間，卻總是有孤獨感產生與存在。

有一位心理學家認為，真正的孤獨，往往產生於那些雖有肉體接觸，卻沒有情感和思想交流的夫婦之間。

事實上，不管你是已婚或是未婚，也不管你是置身於人群，或者是獨居一室，只要你對周圍的一切缺乏瞭解，和你身處的環境無法溝通，往往你會體會到孤獨的滋味。

三 戰勝孤獨的要訣何在呢？

1 必須戰勝自卑。

因為自覺跟別人不一樣，所以就不敢跟別人接觸，這是自卑心理造成的一種孤獨狀態。這就跟作繭自縛一樣，要衝出這層包圍著你的黑暗，你必須首先咬破自卑心理織成的繭。

其實，你大可不必為了自己跟別人不一樣而憂心重重，人人都是既一樣又不一樣的。只要你自信一點，咬破自織的「繭」，你就會發現跟別人交往並不是太困難。

2 經常與外界交流。

獨自生活並不意味著要與世隔絕。一個長年在山上工作的氣象員說，他常常感到有必要把自己的思想告訴人家，可是他的身邊卻沒有人可以傾訴，所以他就

用寫信來滿足自己的這一要求，他從未覺得自己孤獨過。

當你感覺特別孤獨的時候，翻一翻你的通訊錄，也許你可以給某位久未謀面的朋友寫封信；或者給哪一個朋友打一個電話，約他去看一場電影；或者請幾位朋友來吃一頓飯，你親自下廚，炒上幾個香噴噴的菜，這都別有一番情趣。

第五課：叛逆果敢的性格與命運

》果敢的人，總是做人無我有、人有我精的事情。這樣會減少競爭，不會被動，永遠領先於他人。

一 果斷叛逆型性格

人們都很欣賞和欽佩那些想了就做、敢作敢當、雷厲風行的人，也羨慕那些敢於打破傳統、突破常規、有新想法、新思維的人。這種人是人們心目中的英雄，也是各行各業中的佼佼者。

這樣的人都是果敢型性格的人，有這樣的性格會給他自己帶來哪些好處呢？

對於一件事情，時機有成熟不成熟之分。所謂成熟的時機，就是為完成一件事情已經具備了的天時、地利、人和的條件，是成功地完成這一件事的充分必要時機。不成熟的時機，是為完成一件事情所需的天時、地利、人和三者缺一，或三者缺二，或三者皆不具備，也就是成功地完成這一事情的充分必要時機尚不具備或不完全具備的狀態。

做一件事情，如果時機成熟，那不只是一個人兩個人能看到的，而是許多人都能看到的，大家一擁而上，就會出現僧多粥少的局面。

而果敢的人，總是善於抓住不成熟的時機。在機會不成熟的時候，他會先行一步，贏得主動，佔據有利位置。只要時機成熟，就會先發制人，贏得全局。

果敢的人，總是做人無我有、人有我精的事情。這樣會減少競爭，不會被動，永遠領先於他人。

二　無畏者無懼

其實生活蘊含了無數種可能性，當你意識到這一點，你就能到達一個嶄新的境界，一個無限風光的全新人類經驗世界將在你面前豁然洞開。所有你以前從未設想過，甚至從不敢奢望的東西都將出乎意料地得到。

所有現在困擾著你、令你心力交瘁的限制和束縛都將不值一提。一旦你真正懂得如何去生活，一切人際關係和健康方面的問題都將迎刃而解，你還能更好地改進事業和生意方面的規劃。你擁有選擇的絕對權，它就在你的手中。

誰能夠駕馭自己的生活，誰就是自己人生的主人。你的體內蘊藏著無限潛

能，它能使你獲得想要的一切。你正塑造著你的思想、行為性格，雕刻著你的現實人生。你所有的經歷都是你寶貴的經驗和財富，它能教會你如何從中吸取頗具價值的教訓，怎樣學會成長，以及如何去發掘降臨在你身上的機遇，並最大限度地利用和擴展這些機遇。

透過一切經歷和體驗，你得以一點一滴地抒寫和創造自己的命運。不要因為暫時的逆境而焦慮萬分，好像天塌下來一樣覺得不堪重負，更不能軟弱無力地聽任逆境擺布而停止了前進的腳步。你應該將每一種境遇都看成學習和領悟人生的過程，哪怕是逆境，將壓力變作動力和激勵。

時常想一想你曾經遭受過的每一次痛苦的經歷，例如失業或是遭遇情感的打擊，痛失一段戀情。當痛苦的煎熬期過去以後，你會從痛苦中恍然大悟，正是這段痛苦的經歷賜予了你彌足珍貴的教訓，它的發生是上帝對你最好的安排。

比如，你往往能在失業之後找到一份更有發展潛力、更有樂趣的新工作，或者找到一個更合適的對象開始一段新的戀情。而如果你沒有結束上一段感情，你很可能根本不會遇到這麼一個人。

一個人必須冷靜沈著地面對不幸和逆境，從中吸取教訓，積極努力地尋求改善人生的機會。每當不幸和厄運降臨，你是否總是把自己當作一個可憐悽慘的受害者，終日以淚洗面，委靡消沈？如果是，那麼你從現在起就要立即改變這種消極的態度。

你要努力變成這樣一種人——面對逆境，總是思考：「我怎樣才能從這次挫折中受益？我該從中吸取怎樣的教訓才不至於重蹈覆轍？」

你要充分認識到自己的力量，千萬不要自暴自棄，自甘墮落，不論在什麼樣的境遇中，你都一定能駕馭自己的理性與情感。

當一個人感到遭受了他人的不公正對待或污蔑時，千萬不要讓仇恨與痛苦充塞並折磨你的心靈，因為仇恨和痛苦會阻滯你快樂起來的心境。

破釜沈舟的復仇心態只會引發消極負面的情緒，蒙蔽你的雙眼和心靈，使你看不到世界蓬勃向上的一面，感受不到樂觀向上的情感。而只有積極樂觀的心態才有助於你主宰自己的命運。

三 培養你叛逆果敢的性格

膽怯者的最大弱點是畏懼冒險，因為凡是有這種性格的人總是打著「穩」字招牌，縮手縮腳，瞻前顧後，結果一事無成。

當然，我們提倡冒險精神，是因為冒險越大，成功的機率也就越大。

一個人要有勇敢精神，讓自己勇敢無畏，但不是盲目冒險。成功者首要的是目的明確，在目標召喚下勇敢地去做。

要求永遠不犯錯，正是什麼也做不成的原因，這是性格膽怯者的特點。因此，你需要改掉的是一整套的性格和習慣。首先，遇到有小事要決定的時候，練習「快動作」。譬如說，決定看哪一部電影，寫什麼信，要不要買某一件外套。電影只用五分鐘決定，寫信用一小時，外套大約二三小時。

強制自己在某一時限內做決定，決定好了就不要改變（不要寫了信又撕掉，買了外套又退回店裏）。或許會覺得做這件事太莽撞，太不顧慮後果，這種想法正是問題真正所在。事情過了幾天，說不定會意想不到地對自己的決定感到滿意。

當然，比較重大長遠的事不能如法炮製，不要在有限的多少小時或分鐘之內迅速決定婚姻、生子、投資之類的問題。不過，平時要多採用快動作，可培養面臨重大事項時的果斷性格。

許多畫家就是用這樣的方法給自己實驗求新以及犯錯的機會，譬如畫一張平面立體感的畫，三分鐘內完成，假如效果好，自然很不錯；假如不好，也可免得總是自以為完美無缺。就好像一封信始終不寫因為還沒想到恰當的措辭，萬一永遠想不起來，不是永遠也寫不成了嗎？

一個人只有敢於冒險，才能成大事。

冒險果敢性格不是探險行動，但探險家的行動必須擁有足夠的冒險果敢性格。哥倫布發現新大陸，麥哲倫環球航行，都因其具備人類最偉大的冒險性格。沒有這一點，成功與他們無緣。

然而，劃時代的探險行為不是時時發生的，也不是每一個冒險家都能碰到的機遇。正因為這樣，日常生活中、科學實驗、軍事行動及工商活動等所要的冒險果敢性格更有普遍意義，更值得人們思考、體驗。

膽怯的性格只能迴避成功，冒險果敢的性格則能接近成功。我們對你的勸告是：切莫膽怯！

第六課：創新進取的性格與命運

» 創造必須是持續進行的行為。正如我們寫一篇文章，總是要反覆修改、潤色以期達到更好的表達效果。

一　創新進取的性格

創新首先是一種精神，它表現為無止境的創造行為、對舊事物的不滿和改造的欲望。創新並非對舊事物、舊思想的一掃而空，片甲不留。事實上，任何觀點、想法都不是空穴來風，總有其淵源，與舊的東西有千絲萬縷的聯繫。

1 站得高看得遠

美國創造學家奧斯本曾說：「新的發明幾乎都是透過對老發明的組合而產生的。」牛頓也曾說過：「我今天所取得的成就，並不是說明我比前人要高明許多，而只不過是站在前人的肩膀上眺望，自然能看得遠一些罷了。」

一位失業的年輕人一邊用勺子攪拌咖啡，一邊思考明天怎麼辦。突然，一不小心，咖啡溢了出來，燙了他一下。這位年輕人靈機一動，想：飲品這麼燙，成人倒還罷了，不會說話的嬰兒豈不是很難受？年輕的父母又怎麼知道呢？餵嬰兒的流質食品既不好用手去測量，也不能以自己的口感來作標準，該怎麼辦？於是，他用湯匙和溫度計合成了一種新產品——溫度匙，從而解決了育嬰者的煩惱。

一位日本商人原本是賣沙漏的，可是隨著鐘錶的普及，沙漏的銷量越來越少，幾乎就快關門大吉了。這時，他既沒有資金周轉，又沒有清除存貨的辦法，怎麼辦呢？結果冥思苦想之後，他靈機一動，他發現人們打電話的時候總喜歡看錶，因為怕把握不住時間，但是這樣做又太麻煩，怎樣才能解決這個問題呢？他把沙漏設計成各種各樣的「三分鐘電話計時器」。打電話時，人們可以很方便地看時間。平時放在電話邊，沙漏又成了很好的擺飾，於是，他的沙漏不僅沒有為他帶來災難，反而成了他致富的墊腳石。

要想忘卻輝煌的過去，確實不容易，更何況又有多少人願意面對不知結局的創新呢？因此要勇於拋棄舊事物，不斷發展，不斷前進，自己永遠是自己的敵人。

創新的首要條件之一是勇於拋棄不合時宜、即將過時的舊事物或即將過時的事物。在這個瞬息萬變的年代，一個過分戀舊的人是最易破碎而無用的古董。凡事豫則立，不豫則廢，要創新，想成功，很多時候甚至要能拋棄未過時的事物，致力於鑽研它的替代者，以求未雨綢繆。

2 永遠地創新

如果你停止創造的腳步，等待我們的將是什麼結果！創造必須是持續進行的行為。正如我們寫一篇文章，總是要反覆修改、潤色以期達到更好的表達效果，有時還要更正裏面的某些觀點或故事，增加或刪掉一些情節，總之，每次修改結果都是不同的。

和修改文章一樣，其他領域的創造有一部分也是舊話添新意的，很多新的創想來自於已有的東西，是現有的事物給了創造者以莫大的靈感。

或者是，由於某樣東西不夠實用，無法滿足人們更高的要求，這就需要對它進行改造，即在已有的基礎上進行再創造。只有這樣不斷創造，永遠不滿足於現狀，才能推動事物向前發展，推動思維世界更進一步。

法國浪漫主義畫家尤金・德拉克洛瓦說過：「是什麼東西使具有天才的人感動，或者說給予他們的作品以啟迪的，不是新的思想，而是他們對這一思想的迷戀，已經說過的話仍然還說得不夠。」在天才的世界裏，似乎永遠沒有「滿足」這個詞，他們總是在試圖衝破已有的成果，發揮自己更大的才能，他們堅信沒有可以停歇的頂峰。

大約六十萬年以前，人類發現了火，人們用它照明，接著又利用火來取暖，然後，人類就在考慮如何將火用於煮食、燃燒和炸藥了。人類一直就在不斷地改進舊有的發現和發明，以便能夠進行新的發現和發明。

在美索不達米亞時代出現的陶輪是發明車輪的基礎；希臘時代的阿基米德的螺桿後來成了澆灌裝置的前身；而中國古代四大發明之一的印刷術正是發明帶有金屬活動零件的古騰堡印刷機的基礎，這些發明，為整個歷史上無數的思想提供了跳板。它們雖然簡單，但正是因簡單才有更廣闊的空間供其去被發展。

每一個創新和發明中，都包含著天才般的智慧。天才的思考就在於善於將眼光聚焦在已有東西的不足之上，從那裏尋找靈感，在細節之中孕育偉大，人類整體是這樣，每個個體更是這樣，因為正是個體的活動不斷地推動著人類歷史前進的步伐。

事實上，你也許不必想得太遠，不必一定要創出令人震撼的成果，你只要著眼於周圍的事物，就會發現平凡的事物中都跳動著思維的火花，你需要做的便是發現它們，並將其中隱藏的新意變成現實。

而一個創意剛剛出現的時候總是有些粗糙，不太完美的，所以，它需要不斷地改進，一件事物從無到有，從幼稚到成熟，不知要經過多少次改進，多少個新創意來充實，這一切的關鍵就在於，始終相信它有發展的餘地，始終不滿足於已有的成就。

唯有不斷創造，才能更上一層樓，愛迪生就是這種思想的一個典範。愛迪生在他八十四年的漫長生涯中，最費苦心的是「電池的發明」。他在電池的發明上整整耗費了十年的光陰，而實驗的次數高達五萬次之多。

你一定會這樣說，你沒有愛迪生那樣的發明天分，所以也無法擁有那樣的卓越成就。應該注意愛迪生成功的主要原因在於他的勤奮，包括勤於動腦，當然，他的天分也不容忽視，但不論上述兩者哪一個中都包含著這樣的內容：以不斷創造作為終生的目標，正如他的智慧一樣，這個目標似乎是與生俱來的，並成為其思想、才能的釋放途徑。

3未來時代需要創新

我們人類社會知識的總量在往昔一萬年的漫長歲月中，緩慢地發展著、進化著。直到十八至二十世紀兩百年的工業革命中，科學的發展才使物質社會迅速膨

脹。但即使是那時，與技術的發明比較而言，知識的發現還是退居其次，不敢妄自言功。

人類的知識量每隔十年，甚至五年就要增加一倍，世界每天都呈現出日新月異的氣象。知識在經濟領域顯露出巨大的威力。過去兩百年的工業革命和工業文明，曾使社會生產力成長一百倍，而當今微電子、微循環和微技術卻使生產率提高了一百萬倍！

高技術經濟逐漸成型，並以強大的發展勢態佔據了重要的經濟比例；社會勞動力結構發生重大變化，技術熟練工人最為搶手，雇主現已願意對知識比對體力勞動支付更高的報酬，並且勞動力市場對有高度熟練技能工人的需求日益增加。

科學的進步和觀念的變革已使這個世界融為一體，地球上已不存在真正的世外桃源，田園牧歌式的「淺唱低吟」已永久地留在歷史的殘存記憶中。所有一切國家和個人都將在以知識為先導的偉大革命的帶動下，踏上未來社會的征程。

這一切都表明一種新的經濟形態正悄然而至，這已成為一種歷史現實，這種新的經濟形態就是知識經濟。

進取心決定成敗

很多人在競爭中失敗，並不是由於自己的失誤。他們不再進取，只是源於性格中的一些弱點。他們中的不少人缺乏堅忍的意志，或者缺乏決斷力和勇氣。如果這些不幸的人能再堅持一下，也許就可以獲得成功了。但他們沒有那樣做，這在性格學中叫「向目標示弱」！

這樣的人幾乎隨處可見，因而他們一生都在做著一些簡單平常的事情，並且為此而十分滿足。實際上他們是完全有能力做一些層次更高的事情的。

很多人沒有足夠的進取心去開創自己的事業，因為他們的期望值一開始就很低，致使他們不能從一點一滴做起，去開創它。正是生活目標的狹隘抑制了他們去激發自己實現宏大事業的進取心。

米開朗基羅曾在拉斐爾工作室中一幅精巧塑像下面寫著：「做一個更了不起的人。」每個年輕人都要把這句名言鑲在鏡框裏，懸掛在店鋪裏、辦公室中和工廠裏，懸掛在一個隨時可以提醒你的地方。因為經常自省可以使生命的寓意變得更加寬廣也更為深遠。

正是雄心壯志使得我們美麗的人生有了堅實的基石。它督促我們去完成目標，幫助我們抵抗那些足以毀滅我們前途的誘惑。

倘若人類沒有創造世界和改進自身條件的雄心壯志，那整個世界將會處在一種多麼混沌的狀態中啊！

與為了實現雄心壯志而進行的持續努力相比，沒有什麼東西可以如此堅定一

個人的意志。它將你的思想引入更高的境界，把更加美好的事物帶進你的生命。

有什麼理想比追尋生命的價值更為高尚呢？有了雄心壯志的激勵，失敗幾乎是不可能的。很多年輕人的問題就在於，他們一開始就沒有明確的計劃，對於成功的夢想總是猶豫不決，也缺乏一個有價值的目標。當他們在步入社會後，只是為了找個工作，而且這份工作還不一定適合他們，他們似乎對此也無所謂。沒有任何雄心和抱負去激勵他們追求更高的目標。

具有示弱性格的人屢屢可見，當你看到許多人沒有明確的理想和生活目標，只是一天一天漫無目的地混日子時，你不必為此而感到非常驚奇。雖然時代的巨變已經使年輕人意識到了自己肩負的責任和理想的重要，但是仍然有一些沒有生活目標的年輕人在虛度光陰。

他們就這麼按部就班地生活，並且隨波逐流。如果你問他正在做什麼，他的理想是什麼，他告訴你其實他不知道，他只是在等待著好機會的出現。

阿道弗斯．莫納德說：「現在的問題是，我們總是處在不能做的大事與不屑做的小事之間，結果我們一事無成。」

從獲得成功的條件來說，僅僅擁有出色的才幹、受過高深的教育和有著良好的身體條件還不夠。因為無數具備這三個條件的人仍然失敗了，他們甚至仍然過著平庸的生活，主要原因是他們沒有以積極的態度去爭取成功。由於缺乏巨大的動力和崇高理想的激勵，他們的能力也就沒有得到充分的施展。

倘若你的動力夠大，那麼與之相匹配的能力也將不期而至。朋友們，如果你面前有一項非常吸引人的獎品在激勵著你，那麼，你一定會變得更加敏捷，更具有創見，更加細緻而勤奮，更加機智而思慮周全，而且會讓頭腦更加清晰，你也一定會有更好的判斷和預見力。

不論你擁有怎樣的雄心壯志，都請你集中精力去為之努力，而不要左顧右盼、性格不堅。

你不要給自己留退路，只管一心一意為了理想而奮鬥。只有集中精力，才能獲得自己想要的成功。

像花園裏的園丁一樣懂得要修剪掉無用的枝條，因為它們會消耗掉養料。為了那些重要的事情，你是否也應該集中精力去改掉那些不良的習慣呢？假如你不能改掉那些牽扯你精力的不良習慣，你就無法抓住那些使你獲得成功的重要機會。

沒有哪一個有成就的人不是透過不懈的努力才達至目標的。一旦進取心消退了，我們就失去了前進的動力；一旦動力消失了，我們就會隨波逐流。

一個年輕人不向上看，不走上坡路，就是向下看，走下坡路。如果一個人缺乏向上的精神，他一定會墮落。作為一個年輕人，能力越差，就越應該盡可能多

地利用創新進取的品質以提升自己。

如果你只有一項才能可以用來謀生，你就應該比擁有十項才能的人更加努力，更加充分地利用這種唯一的才能，這樣才能阻止自己示弱性格的發生！才能立於不敗之地。

三 培養你的創造力

完善個人品性，應是成大事者不可少的修身養性之道。沒有這種習慣，絕不可能成大事。因而保持創造的習慣尤為重要，這種習慣能讓你超越平凡。

紐約首屈一指的毛紡織品批發商傑姆斯，曾雇用了一個少年雜役，名叫喬瑟夫。他每天早晨六點鐘要到達弗蘭克林街的辦公室，在七點三十分辦事員們到來之前，把全部辦公室打掃整理好。白天一整天，還得為一位患腸胃病的董事來回不斷地送熱水。

週薪升到五美元的時候，喬瑟夫斷然地申請到外面去推銷毛紡織品。他既年輕，身體又弱小，然而居然得到准許，做了推銷員。不久，他便能取得訂單了。一八八八年，大風雪襲擊了全紐約。這是一場大災難，就在這大災難之後不久，一般推銷員都在將近中午時分就趕到弗蘭克林街的辦公室，爭先恐後地聚攏到火爐旁，盡興地聊著天。

那天下午相當晚了，大門處，一股寒冷刺骨的北風直衝進來。同時，幾乎凍僵了的喬瑟夫，像醉漢似的搖晃著走了進來。

「董事先生來上班了。」老資格的推銷員諷刺地說。

「不過，我把今天應做的工作全做完了。」喬瑟夫回答道，「像這樣的大雪，我更應奮發。而且在這樣的天氣裏，不會有競爭對手。我今天得到了四十三張訂貨單。」

喬瑟夫立刻被調升為正式的推銷員，薪水倍增。他後來成了世界最大的不動產商人。

天氣，對於怠惰者可造成無窮盡的藉口。比如：做這件事情，天太熱了，或者說，太冷了，下雨不便，風颳得太大，天氣變壞了，等等。他們在說這些話的時候，錯過了良好的機會，終致不可救藥。

工作場所的簡陋並不能降低工作熱情，工作熱情受挫的根本原因在於人本身。

「周圍的人真可惡，叫我無法工作。」這也是怠惰者經常找的藉口。

柯南道爾的《福爾摩斯》中的幾篇，就是在嘈雜的屋子的角落裏寫成的。他在朋友文章的包圍中，一邊應酬著，一邊揮著鋼筆。寫作本來是個需要高度集中精力的工作，但他並不因有人在旁邊心亂神昏，把工作耽擱下來。

「不知道該怎麼辦才好。」狡猾的怠惰者說道。是的，也許真的不知道，但若不試著做做看，將永遠不會知道。

「試著做一做，這太冒險了……」這也是常常聽到的話。如果不努力試試看自己能做多少，那是否定自己能力的怯懦者。「我的身體怕會受不了。」這是寵慣自己的謹慎者的消極想法。

「讓別人做，可能做得更好。」這是本來可以藉此機會來增加自己的能力，卻任其機會消失的一種藉口。

「我十分盡力地做著。」裝扮成十分忙碌的偽善者會這樣的辯解。

「沒有人感謝，為什麼一定得做呢？」這是逃避自己工作的又一種藉口。

「不那樣努力也可以，反正錢是賺定了。」這是認為人只是為賺錢而工作的那種人的藉口。

因這些消極的想法而浪費掉的時間和能力都是令人惋惜的。因此我們一定要開動腦筋，積極地思考。切勿認可藉口和狡辯，這只是自己在害自己。

養成工作的習慣吧！那些被世界稱之為偉人的人物，之所以比普通人優秀，不外乎他們具有創造性的工作習慣。不論他們是否具有受惠於天賦的才能，總之他們做了天才的工作，收穫了天才的果實。他們每個人都有適合自己特點的獨特的工作習慣。

成大事者與這些良好的習慣為友，並因此成就了偉大的事業，能十分快樂地享受著人生，所以他們憎恨藉口，從不怨天尤人。

四 培養創新技巧的秘訣

一個人怎樣培養你的創新能力呢？下面幾點可以供你參考一下：

1 要聽取經驗豐富者的評價和建議。

如果年長的人給你建議，你不要嗤之以鼻，創造力是隨年月而增長的。如果老闆給你建議，不要做無謂的心理抗拒，他們往往更能意識到新的商機將在什麼領域出現。如果同齡人給你建議，你不要自負，他們的觀點可能正是你忽略的真諦。記住，當所有人都對你的創新能力有著較好的評價時，你會不知不覺就增強了自己的創新能力，而改變和調整了悲觀心態。

2 要時常問一問自己。

給我同樣機會，我會不會做得更好？怎樣做得更好？只要你能經常這樣提醒自己，你就會發現任何事情都可能有更富創造力的解決辦法。

3 對自己面臨的困境要實際地看待，不要誇大。

4 要強調幽默感。

很多人為自己說話不逗人而沮喪，以為自己沒有幽默感。其實，幽默感和幽

默是有區別的，你也許不幽默，但一定要有幽默感。所謂幽默感就是對幽默的感受。你能感到幽默就會在悲觀中感受到愉快。

5應培養自己的耐心和敏感。

任何事沒有耐心是做不好的，做不好就令悲觀更加悲觀。而敏感至少可以令人察覺到一些異樣的感覺，而異樣的感覺往往會刺激創造力。

6要珍愛自己的點子。

相信你自己想到的是好東西。雖然很多漂亮想法一拿出來，就會被告之：前人早做過了。但是，只要是獨立想出來的你就要高興，別懊惱。如果在事前毫無認識的狀態下曾想到過相對論，你就應該很樂意承認自己和愛因斯坦一樣偉大。

7不要去妒忌他人的創造力。

如果別人創造一個好辦法，你認為你也能，因而看不起別人，你的創造力將會永遠停留在別人之下。別妒忌他人，當你想出別人也能想出但沒想到的點子時，你的創造力就已領先一步，你應該高興。

8必須要有多種解決方案。

人類的事情絕大多數都是思維決定的。一個問題從多種角度思考再挑選最佳辦法，就是產生創造力的思維方法。

9一定要保持工作熱情和生活熱情。

只有工作熱情才能使工作富有創造力。同樣，只有對生活有熱情的人，才對生活富有創造力。如果一個人同時具有生活和工作的創造力，這個人必定會有所作為。

第七課：嚴謹理智的性格與命運

》優秀的性格比有才氣和博學都重要，許多人並不具備才智過人的學識，但他們能取得令人矚目的成就，這一點往往超出常人的認識。

一　優秀的性格比才學更重要

優秀的性格比有才氣和博學都重要，許多人並不具備才智過人的學識，但他們能取得令人矚目的成就，這一點往往超出常人的認識。那麼理智型性格的優點主要表現在哪些方面呢？

1有責任心，能明辨是非

理智型性格的人責任感較強，而且明辨是非，幾乎能在所有的情況下保持清醒的頭腦。因為他們注重思考，對事物的發展始終保持理性的判斷，而且是非觀念清晰。

2處事不驚，有條不紊

因為理智型性格的人不易受感情因素干擾，不易激動、發怒，不僅平時保持心平氣和，而且注重個人內在修養的發展，因此在變亂或大事來臨之際，最能保持一顆平常之心，一般人很難從他們的表情中看出其內心的想法。

3功成身退，明哲保身

理智型性格的人大都不喜歡爭名奪利，成名獲利之後，又不愛居功自偉，恃財欺人。他們深諳「謙受益，滿招損」的道理，認為有福不可享盡，有勢不可用盡，謹言慎行。理智型性格的人多是輔佐之才，即使登頂，有時也是情非得已、被推上領導者的位置上的。

4理智創業，積少成多

那些具有理智型性格的人總是憑理智獲得合法的財富，而且其擁有財富的時間也是長久的。他們無論幹什麼，都是一步一個腳印地往前走，這樣雖然不會一夜暴富，但也穩紮穩打，日積月累，便成為鉅富。

著名企業家王永慶、張榮發、許文龍就是這種性格的典型代表。這一切的發展結果其實都是和韓偉辦事理智、判斷力準確以及較強的責任感分不開的。

理智型性格的人還有很多優點，如戒驕戒躁，常思己過，奮發自新等等，整體來說，理智型性格是一種正面的、積極的性格，但任何一種性格又都不是絕對完美的，一旦超越一個限度，便起到了負面作用，成為性格中的弱點。

5保持嚴謹的性格

一個性格嚴謹的人總是力圖永遠保持自我控制的能力。這種能力顯示出了真正的人格與心力，因為有大胸襟的人不會輕易受情緒所制約。激情是心靈生出的古怪念頭，稍稍過量便會使我們的判斷處於病態。

如果此病傳染至口邊，難免會殃及你的聲名。你要完全徹底地把握好你自己，要做到不論處於大順之時還是處於大逆之際，都不會有人批評你，說你情緒不穩定。讓大家都欽佩你卓越非凡的自控能力。

6忙裏需偷閒

勤奮能加快實現才智。但傻瓜才喜歡速決：他們不顧障礙，行事魯莽。智者常常由於遇事猶豫不決而失敗。愚人做什麼事都急匆匆的，智者做什麼事都有條不紊。有時候事情儘管判斷得對，但卻因為疏忽或辦事缺乏效率而出差錯。

常備不懈是幸運之母。該辦的事立刻辦，絕不拖到第二天，這極為重要。有句話說得極妙：忙裏須需閒，緩中需帶急。

7膽氣相照才英雄

即便是兔子也敢摸死獅子的鬍鬚。所謂勇氣和愛情之類的東西一樣，絕非開玩笑的事情。只要屈服過一遭，就會一而再、再而三地屈服下去。既然同樣的困難以後反正都得加以克服，倒不如趁早解決的好。

8要知道如何等待

一個知道如何等待的人，必具有深沈的耐力和寬廣的胸懷。行事絕不會過分倉促，也不會受情緒左右。能制己者方能制人。在到達機會的中心地帶之前，不妨先在時光的太空中漫遊一番。明智的躊躇不定可使成功更牢靠，使理想之樹能最後開花結果。

時光的枴杖比大力士赫克琉斯（古希臘傳說中的大力士）的鐵棒還要管用。上帝懲罰人不是用鋼鐵般的手，而是用拖拖拉拉的腿（意謂：不是不報，時候未到）。俗話說得好：「只要給我時間，我一個頂倆個。」（亦有「留得青山在，不怕沒柴燒」的意思。）命運會對有耐心等待的人給予雙倍的獎賞。

9天降大任於大氣度者

性格嚴謹者的身軀應該有大的胸襟。才大者其組成部分亦必大。如果你有最好的運氣，就不要只滿足於享受一般的好運氣。有些東西有人吃得飽，另外的人吃了卻感到餓。有人因為沒有胃口而浪費精美的食物：對於高位顯爵，他們生來就不適應，即使後來也學不會適應。

一種虛假的榮譽蒙蔽了他們的頭腦，最後使他們失去了榮譽。他們在高位上頭暈目眩，有了好運卻往往心迷神亂，因為他們的胸襟裏就沒有擱好運的地方。是偉人就應該顯示出對於好運總有來者不拒的雅量，並能小心地避免一切有可能使他顯得胸襟狹隘的東西。

10自傲是成大事者的大忌

自傲總是令人討厭，而身居高位洋洋自得則更令人討厭。你不要擺出一副「偉人」架子——這是很令人討厭的，也不要因為有人羨慕而不可一世。你越是挖空心思地想得到別人的崇拜，你越不能得到它。尊重取決於你值不值得別人尊重。你想靠巧取豪奪是難以達到目的的，人得名副其實，且有耐心等待它才成。

重要的職位要求你具備相應的威儀和禮儀風采。一個人只需具備職位要求他具備的東西和用以完成他的職責的東西。不要把什麼都做得不留餘地，應該一切順其自然。那些顯得特別具有苦幹精神的人反倒給人以能力不強，難以勝任其工作的感覺。

11善於隨機應變

你不要總是對自己不滿意，這是膽小怕事的表現；也不要自滿自得，這是愚蠢的表現。過分的自我感覺良好實際上是一種無知，它雖能導致傻瓜般的幸福感，讓人得一時之快，但實際上常常有損於一個人的名聲。你不能鑒定出別人的完美程度，所以總陶醉於自己的平庸。

自我警告總是有用的，既能幫助事情進展順利，也能在事情進展不順利時讓我們感到慰藉。如果你對挫折早懷有一定恐懼之心，則挫折來臨時，你反倒有恃

無恐。荷馬也有打瞌睡的時候，亞歷山大則因失敗而從自我欺騙中警醒過來。事情要依環境而定，有時環境助你，有時環境害你。然而，對於一個令人無可奈何的傻瓜，最空虛的滿足也如鮮花一樣美好，並可以繼續播撒出許多滿足的種子。

嚴謹理智的性格與命運

一九六七年六月中東戰爭爆發後，東西方之間的海上門戶蘇彝士運河一度被關閉。日本和西方國家在中東購買的石油只好繞過好望角，經過長途跋涉後才能回到本國。

這種情形導致對油船的需求大幅度增加，各航運公司紛紛大批購進油船，擠進石油運輸行業，贏得鉅額利潤。於是石油運輸業蜂擁而起，一時成為世界航運業的熱門話題。

而逐在美國五十位總統中，阿伯拉罕．林肯（一八六〇～一八六五年在位）是唯一出身於貧民階層的。這位深受美國人民懷念的總統可謂其貌不揚，他說：「如果有人希望我描述一下自己的外表，那我可以直言奉告。我身高六英尺六英寸，體重一百八十磅，膚色黝黑，骨瘦如柴，黑頭髮，灰眼睛。如此而已，別無其他引人注目之處。」

在入主白宮以前，林肯一直處於顛沛流離中，加上其貌不揚，又一貫不修邊幅，常穿著一雙粗絨線的藍襪子、一雙大拖鞋，甚至連領帶都不會打，當他初到白宮任職時，閣員們沒有一個瞧得起他。他們甚至要挾林肯老實地蹲在白宮的角落裏。

財政部長齊斯對那位在宴會中不會點菜的鄉巴佬統治了白宮感到十分驚訝，不時窺視著總統的職位。他不僅在背地裏煽動別人對總統不滿，還連續五次以提出辭職來要挾。

雖然第五次林肯批准了他的辭呈，但是林肯始終認為他是一個有才幹的人。林肯說：「齊斯是一個很有才能的人，儘管他在背後愚蠢地反對我，但是我絕不願剷除他。」齊斯辭去財政部長後，林肯量才而用，任命他為最高法院的首席法官。

有一次一位議員帶著林肯的手令去給他下指示，斯坦東居然拍桌大叫：「假如總統給你這樣的命令，那麼他就是一個渾人！」那位議員滿以為林肯會因此把他撤職，可是，林肯聽了報告後卻說：「假如斯坦東認為我是一個渾人，那麼我一定是了。因為他幾乎一切都是對的。」事後斯坦東極為感動，馬上到林肯跟前表達對林肯的歉意。

林肯當了總統後，那些富豪瞧不起他，總想給他一點難堪，甚至有人竟當眾奚落他，想使他下不了臺。有一天，道格拉斯見了林肯，便挖苦地問：「林肯

先生，我初次認識你的時候，你是一家雜貨店的老闆，站在一大堆雜物中賣雪茄和威士忌。真是個難得的酒店招待呀！」然而，林肯並沒有發火，不以為然地說道：「先生們，道格拉斯說的一點也不錯，我確實開過一家雜貨店，賣些棉花啦，蠟燭啦，雪茄什麼的，也賣威士忌。

我記得那時，道格拉斯是我最好的顧客了。多少次他站在櫃檯的那一頭，我站在櫃檯的這一頭，賣給他威忌。

不過，現在不同的是，我早已從櫃檯的這一頭離開了，可是道格拉斯先生卻依然堅守在櫃檯的那一頭，不肯離去。」林肯這麼一說，周圍的人都哈哈大笑起來，稱讚林肯說得好。而道格拉斯卻脹紅著臉，顯得尷尬萬狀。他自討了個沒趣，便悻悻然地走開了。

對群眾的批評意見，即使是罵自己的話，只要是有道理的，林肯也聽得下去。

有一次，林肯和兒子羅伯特驅車上街，遇到一隊軍隊在街上通過。林肯隨口問一位路人：「這是什麼？」林肯原想問是哪個州的兵團，但沒有說清楚，那人卻以為他不認識軍隊，便粗魯地回答說：「這是聯邦的軍隊，你真是個他媽的大笨蛋。」林肯面對著一個普通路人對自己的斥責聲，只說了聲「謝謝」，沒有半點怒容。他關上車門後，嚴肅地對兒子說：「有人在你面前向你說老實話，這是一種幸福。我的確是一個他媽的大笨蛋。」

一八六〇年，林肯作為共和黨的候選人，參加了總統競選。林肯的對手、民主黨人道格拉斯是個大富翁。

大富翁道格拉斯洋洋得意地說：「我要讓林肯這個鄉巴佬聞聞我的貴族氣味。」

他發表競選演說道：「有人寫信問我有多少財產，我有一位妻子和三個兒子，都是無價之寶。此外，還租有一個辦公室，室內有桌子一張，椅子三把，牆角還有大書架一個，架上的書值得每人一讀。我本人既窮又瘦，臉蛋很長，不能發福。我實在沒有什麼可依靠的，唯一可依靠的就是你們。」

林肯的演講是極其簡短樸素的。這往往使那些滔滔不絕的講演家很瞧不起。蓋提斯堡戰役後，決定為死難烈士舉行盛大葬禮，安葬委員會發給總統一張普通的請柬。他們以為他是不會來的，但林肯答應來。既然總統來，那一定要講演的，但他們已經請了著名演說家艾佛瑞特來做這件事。

因此，他們又給林肯寫了信，說在艾佛瑞特演說完畢之後，他們希望他「隨便講幾句話」。這是一個多大的侮辱，但林肯平靜地接受了。

在這兩星期期間，他穿衣、刮臉、吃點心時也想著怎樣演說。演說稿改了兩三次，他仍不滿意。到了葬禮的前一天晚上，還在做最後的修改，然後半夜找到他的同僚高聲朗誦。

走進會場時，他默想著演說詞。那位艾佛瑞特講演了兩個多小時，將近結束時，林肯不安地掏出舊式的眼鏡，又一次看他的講稿。他的演說開始了，一位記者架上三角架準備拍攝照片，等一切就緒的時候，林肯已走下講臺。

這段時間只有兩分鐘，而掌聲卻持續了十分鐘。後人給以極高評價的那份演說詞，在今天譯成中文，也不過四百字。

以其嚴謹理智，林肯成為了美國歷史上最讓人尊敬懷念的總統。

第三卷　一生的資本

第三卷 一生的資本

第一課：完美人生的品質資本

» 正直意味著人的自尊自強及自我認識。

一 正直的品質有助於你快速成功

一位推銷員每天按照經理的吩咐向顧客介紹產品的優點，久而久之，便厭倦了這種工作方式。一天，當又有顧客光臨的時候，他在介紹產品優點的同時也介紹了產品的缺點。顧客聽完後沒說什麼就走了，經理非常生氣，決定解雇他。正當這位推銷員帶著行李要走時，剛才那位顧客又回來了，還帶了一些人，這些人都準備買他的東西，就因為推銷員是個誠實的人。

一個人能在所有時間裏欺騙一個人，也能在同一時間裏欺騙所有的人，但他不能在所有的時間裏欺騙所有的人。這就是人們常說的：小勝靠謀，大勝靠德。

一個推銷員講了他的一些經歷：

大學時，我曾經在一家乳品飲料公司工作，我是一名經銷商，經過努力，我的業績達到全公司最高點，並擁有一個銷售站。但是由於公司部分領導人員缺乏正直及踏實的精神，最終導致整個公司瓦解。即使如此，仍然使我學習到許多寶貴的東西，如銷售商品的技巧以及如何和他人共事，而更重要的，我瞭解到如果一個人既無能力又缺乏正直，他便非常容易失去他已經達成的成績。

人們進入公司工作的目的是為了要賺錢，這並沒有什麼不對，相反的，對那些不這麼打算的人反而使人感到不安，沒有任何一件事情不需要人們花錢。

在商言商，只要你進入商業圈，不管是職員、顧問、老闆、合夥人或消費者都與金錢脫離不了關係。當然，家人、友情及人際關係則是建立在那些比金錢更重要的事情上。

你一旦從商，能力與正直就會變得更加重要，因為沒有一個人希望購買劣質產品，或者受到無禮的服務。當然，也沒有一個人想和那些無知、沒有技能以及不誠實的人交往。一個正直的人會在適當的時機做該做的事，即使沒有人看到或知道。

亞伯拉罕．林肯說得好：「正直並不是為了做該做的事而有的態度，而是使人快速成功的有效方法。」

02 道德是鋪就成功之路的基石

「德」是指一個人的品性、德行。

很難想像，一個品行不端、德行惡劣的人能結識並擁有真正的朋友，長久獲得事業的成功。很難有人能與這樣的人長期合作，因為這種人不是做單一次買賣，就是過河拆橋。在家庭中，這種人也會做出一些不道德的事情，極有可能給家人和孩子帶來痛苦。他們甚至還可能因為某種利益的驅使，鋌而走險而落入法網。

要走向成功，需要以德立身，這是一個成功者必須確立的內在標準，沒有這個內在的標準，你就會失去支撐，最終導致失敗。

俗話說：「近朱者赤，近墨者黑。」在社會上，缺德之友最終會成為自己成功路上的不定時炸彈。

其實，以德立身貫穿於一個人的人生全過程。在人生的不同階段，道德對於人的要求雖有著不同的變化，每個人體驗和經歷的內容也不一樣，但是，「以德立身」的人生支柱是不變的，它對每個人的人生大廈起著支撐作用的定律是永遠不變的。

富蘭克林是美國資產階級革命時期民主主義者、著名的科學家，一生受到人們的愛戴和尊敬。但是，富蘭克林早年的性格非常乖戾，難以與人合作，做事常常碰壁。

為了改變自己，富蘭克林在失敗中總結經驗，他為自己制訂了十三條行為規範，並嚴格地執行。他很快為自己鋪就了一條通向成功的道路：

1節制：食不過飽，飲不過量，不因為酗酒而誤事。

2緘默：不利於別人的話不說，不利於自己的話不講，避免浪費時間於一些瑣碎閒談之中。

3秩序：把日常用品都整理得井井有條，把每天需要做的事排出時間表，辦公桌上永遠都是井然有序。

4決斷：必須履行你要做的事，必須準確無誤地履行你所下定的決心，無論遇到什麼情況都不改變計劃。

5節約：除非是對別人或是對自己有什麼特殊的好處，否則不要亂花錢，不要養成浪費的習慣。

6勤奮：不要浪費時間，永遠做那些有意義的事情，拒絕去做那些沒有意義的事情，對於自己的人生目標永遠持之以恒。

7真誠：不虛偽不欺詐，做事要以誠摯、正義為出發點，如果你要發表意見，必須有憑有據。

8正義：不傷害或者忽略別人。

9平和：避免極端的態度，克制對別人的怨恨情緒，尤其要克制自己的衝動。

10整潔：保持身體、衣服或住宅的清潔。

11鎮靜：遇事不慌亂，不管是一些瑣碎小事還是不可避免的偶發事件。

12貞潔：要清心寡欲，除非是有益於身體健康或者是為了傳宗接代，否則儘量少行房事。絕不做干擾自己或別人安靜生活的事，或有損於自己和別人名譽的事情。

13謙遜：一定要向耶穌和蘇格拉底學習。要抵擋得住享樂的誘惑，要抵擋得住金錢的勾引，不要有非分之想，就不可能有任何誘惑和利益使你去做你明知道是邪惡的事情。

這樣你將會終生快樂，良心是永恒的耶誕節。道德是鋪就成功之路的基石，按照富蘭克林的辦法，你不妨試試。

三 人格的力量是無窮的

對於一個人來說，無論他取得的成就有多大，最令他驕傲和欣慰的事就是他從來沒有不良的工作紀錄。

為什麼林肯總統有那麼高的聲望，為什麼他的人格受到美國人民甚至是全世界人民的敬佩與讚賞呢？那是因為他一直盡心盡職地工作著，從來都沒有不良的工作紀錄，當然他也不做有損自己聲譽的事情。無論是在哪個國度，不論是哪個時期，不論是你家財萬貫的富翁還是一貧如洗的窮人，不論你是高官顯赫還是一介平民，有一點你必須承認——人格的力量是無窮的，它在人類文明發展史上的作用也是巨大的。

當一個人發現自己對社會意味著什麼，當他意識到自己所做的一切都不是為了沽名釣譽，當他全身心投入到為人類謀福利的事業當中去的時候，他就成了世界上一個了不起的人，一個重要的人。

現在困擾許多人的問題是他們覺得自己除了代表自己的利益以外，他們並不代表其他什麼。也許他們中的許多人都接受過良好的高等教育，都有豐富的專業知識或者是一技之長，但是他們卻很自私。他們只為自己而活。這使他們的人格魅力大打折扣。

要找到一個有豐富的專業知識、並且在行業中聲名顯赫的律師或者醫生並不難，但是要找到一個一直兢兢業業工作、從來沒有不良記錄的律師或者醫生卻很難；要找到一個成功的商人很容易，但是要找到一個把人格至於生意之上的商人卻很難。

這個社會，這個世界需要的是這樣的人？他不僅有一技之長，他更要堅守做人的原則，他能意識到自己對社會意味著什麼，他能感受到自己所做的工作對社會的價值。

羅斯福總統年輕的時候就下定決心絕對不做有損自己聲譽的事情。在他工作的時候，在他結交朋友的時候，在他的日常生活中，他從來不允許自己做出有損自己名聲的事情，即使那樣會讓自己失去部分財富，失去一些朋友，他也在所不惜。在他成為美國歷史上政績顯赫的總統前他就是這樣要求自己的。

在他的政治生涯當中，他有很多發大財的機會，只要他不那麼正直，不那麼秉公執法，只要他稍微利用一下自己的政治地位和權力。但是羅斯福沒有這麼做，他從來不會做違背良心和有損聲譽的事情。他不想讓自己的政治生涯史上有任何的不良紀錄，任何的污點。

如果在某一個職位上就必須放棄自己做人原則的話，他寧可放棄那個職位。他不允許自己去拿一分來路不明或者不乾淨的錢。儘管這樣他會得罪很多人，也會給自己製造很多麻煩，但是他依然堅守自己做人的原則。事實上，很多人雖然記恨他的「不給情面」，但是卻又非常敬佩他的正直和誠實。

對於每一個人來說，有些東西是必須堅守的，是不能被賄賂的，是不能被收買的，而且在必要的時候你還要用生命去捍衛它。

一個人如果堅持自己的做人原則，忠於自己的理想，那麼他永遠都不會成為失敗者，即使他不是聲名顯赫，即使他沒有腰纏萬貫，他也是值得肯定和尊敬的。

在日常生活中，一個人的人品常常被很多人忽略。他們看一個人往往看他是否精明能幹，是否聲名顯赫，但是他們卻很少強調這個人是否誠實，是否正直。顯然他們並沒有把一個人的人品放在重要的位置上。很多人非常敬佩那些誠實、正直、勇敢的人，可是他們自己卻很少要求自己這樣做。

就好像很多商人其實知道做生意應該講信譽和實力，可是他們卻往往靠欺瞞、誇大事實和其他伎倆來賺錢。一個人的人品是非常重要的，也是其他東西無法代替的。金錢財富、地位權力都無法彌補一個人人格上的缺陷。

一個人不論他多富有，也不論他有多大的權力，如果在他的人品中找不到誠實與正直，那麼他就永遠不可能成為一個真正的成功者。當人們提到他的名字時，即使有羨慕之心，也不會有敬佩之情。

有些商人成為了大富翁，可是他們卻難以得到員工的愛戴和崇敬，因為這些富翁在金錢和物質財富上雖然佔有優勢，但是他們在人格上卻處於劣勢。他們唯利是圖，很少真正設身處地為自己的員工考慮，而且有時候他們甚至不惜借用卑劣的伎倆為自己謀取財富。

人們向來尊重那些人格高尚的人。誠實正直的人即使沒錢財，沒權位，也同樣會受到人們的愛戴。當然你也沒有必要完全贊成這個觀點。

對於一個人來說，只有當他是個誠實正直的人的時候他才可能獲得真正的成

功。雖然很多不正直的人可以成為百萬富翁，可以獲得很大的權力，可是那又怎能算是一種真正的成功。就好像一個小偷順利地偷到了別人的錢，你能說他獲得了成功嗎？可是不知道為什麼，當你拿到這些錢的時候，總有一種心神不寧的感覺，總為自己做過的事而感到不安。

遇到這樣的情形，人們常常會這樣想：離開吧，離開那份讓人良心不安的工作吧。不論老闆給你多少錢，你都應該堅持自己做人的原則。因為你賺的每一分錢都應該是正大光明的，而不是違背良心的。

大膽告訴你的老闆，你不會接受任何有問題的工作，因為你絕對不允許自己去賺昧心錢，絕對不想出賣自己的真誠和正直。

不論你從事什麼工作，你都應該堅持自己，你不能僅僅因自己是一個律師、醫生、商人或者農民等等就放縱自己。你必須記住：一個人首先應該是一個堂堂正正的人，並且一生都要為之不懈地努力奮鬥！

第二課：完美人生的身體資本

» 聰明的將軍，不會在軍士疲乏、士氣不振時，統率他們去應對大敵。他一定要秣馬厲兵，充足給養，然後才去參加大戰。

一　失去健康，失去一切

儘管擁有健康並不能擁有一切，但失去健康卻會失去一切。健康不是別人的施捨，健康是對生命的一種執著追求。

很少有人能夠徹底明白體力與事業的關係是怎樣的重要，怎樣的密切。人們的每一種能力，每一種精神機能的充分發揮，與人們的整個生命效率的增加，都有賴於體力的旺盛。

體力的旺盛與否，可以決定一個人的勇氣與自信心的有無；而勇氣與自信，是成就大事業的必需條件。體力衰弱的人，多是膽小、寡斷、無勇氣的。要想在人生的戰場中得到勝利，其中一個先決條件，就是每天都能以一種體強力健、精力飽滿的狀態去對付一切。然而有些人卻以一個有氣無力、半死半活之軀從事於工作，其不能得到勝利，又何待言！

對於整個生命所繫的大事業，你必須付出你的全部力量才能成功。只發揮出你的一小部分的能力從事工作，工作一定是做不好的。你應該以一個精強、壯健、完全的「人」去從事工作，工作對於你，是趣味而非痛苦；你對於工作，是主動而非被動。

許多人就失敗在這點上——從事工作，進行事業時，不能發揮出其全部的力量，一個活力低微、精神衰弱、心理動搖、步履不定、情緒波動的人，自然不能

成就出什麼了不起的事業來。

聰明的將軍，不會在軍士疲乏、士氣不振時，統率他們去應對大敵。他一定要秣馬厲兵，充足給養，然後才去參加大戰。

一個人有大志，有堅定的自信，而同時又具有足以應對任何境遇、抵擋任何事變的旺盛的體力，則他一定能夠從那些阻礙體弱者努力的煩悶、憂慮、疑懼等種種精神束縛中解脫出來。

旺盛的體力可以增強人們各部分機能的力量，而使其效率、成就較之體力衰弱的時候大大增加。強健的體魄，可以使人們在事業上處處取得成效、得到幫助。

凡是有志成功、有志上進的人，都應該愛惜、保護體力與精力，而不讓它有稍許浪費於不必要的地方，因為體力、精力的浪費，都將可能減少你成功的可能性。

世間有不少有志於成大事的人，因沒有強壯的體力為後盾，以致壯志未酬身先死。然而與之相反，有著強壯的體力的人卻不知珍重，任意浪費在無意義、無益處的地方，而摧毀了珍貴的「成功資本」。

假如美國的羅斯福總統，當初對於身體不曾加以注意與補救，他的一生，恐怕是要成為一個可憐的失敗者吧！他曾經說：「我是一個體弱多病的孩子。但我後來決意要恢復我的健康，我立志要變為強健無病，並竭我全力來做到這點。」

身心不斷地活動，是去病健身的最好方法。要維持健康，必要的運動絕對是前提。

一位著名的英國醫師曾說，人要想長壽，必須要做到除了睡眠時間以外使腦部不斷活動。每個人必須於職業、工作之外找一種正當嗜好。職業給他以生活資本，嗜好則給他以生活樂趣，可以使他在愉快、高興的心情下，活動其精神。「行動」的意義等於「生命」，而「靜止」則等於「死亡」！

二　有健康才有未來

一個人要想成就大業，賺大錢，除了才幹、機運之外，還有一點更加重要，那就是健康！

當一個人年輕時，身體好精神足，可以整夜不睡覺，所以還沒有「健康」兩個字的概念，等到了一定的年紀，就會慢慢地體會出「健康」的可貴。一般來說，人身體的發育到二十五歲左右就停止了，換句話說，要開始衰老了，就好比一個人爬上了峰頂，要開始走下坡一樣。

一個人身體的變化是一種生理規律，誰都無法阻擋。但對於事業來講，大部分人都是在四、五十歲這一階段取得成功的，這恰好是人的身體由盛轉弱的時

期。那些平時注重身體保養與健身的人，這時可能會嘗到了甜頭，而那些只顧拚命，不管身體的人會吃到苦頭。更令人悲哀的是，有的人可能正值事業的巔峰，卻大病纏身，一命嗚呼。要是早知如此，他們平時一定會注意自己的身體。

一個人賺錢除了滿足自己的成就感之外，就是為了讓自己生活得更好一點，如果只顧賺錢，並賠上自己的健康，那是很不值得的。這樣賺了錢又有什麼意義呢？

因而，人生在世，健康第一。只有健康才能有未來，而健康是靠人們去努力得到的，只要你願意，你就可以得到它！

賺錢則不同，還沒有聽說過誰能隨心所欲，想賺多少錢就賺多少錢。雖然人們常常說只要勤奮辛苦就可以賺到錢，但也有事與願違的時候。有些情況下，人們的心想與所得也會不成正比，所以有人在忙了一天之後會歎氣說：「賺錢真難啊！」可是有些人則很有運氣，突然之間，錢財滾滾而來，好像不費力氣似的，真是錢追人！凡是在社會上行走過一段時間的人，相信都有同感！

人生在世，不賺錢不行，沒錢怎麼活？但也不能做個拚命三郎，錢不是一下子就能賺到手的，只有保住了健康之本，才有可能去賺錢。所以，對賺錢的事，勤奮努力是對的，但也要想到前面有一堆金子，你卻無力去拿，這才是人生的一大憾事！

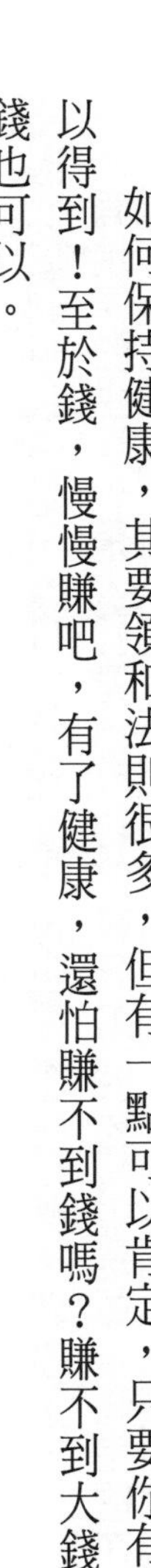

如何保持健康，其要領和法則很多，但有一點可以肯定，只要你有心，就可以得到！至於錢，慢慢賺吧，有了健康，還怕賺不到錢嗎？賺不到大錢，賺點小錢也可以。

三 健康是成功者的必要資本

一個有志於做大事的人，一定十分愛惜自己，自我激勵，準備在人生的競技場上嶄露頭角。他無時不在訓練自己，就像那些運動員一樣。他從不荒廢自己強健的身體和競技狀態，並刻苦奮鬥，以爭取比賽的勝利。

有時為了讓自己有精神、有生氣、能吃苦耐勞，他不得不竭力克制自己，避免一切日常生活的越軌，他戒絕菸酒，制止自己去吃一些有害於身體健康的食物。他所吃的只限於有益於保持身體良好狀態的食物。他會有效地管理自己的睡眠、進食、運動，一切都有條有理，遵守一定的規律。

也許一些人會對此表示懷疑，認為何苦這樣早睡早起，每天弄得滿頭大汗，僅僅為了去爭取一次短暫的勝利？

在粗心的人看來，一定以為這種見解是正確的，但是一旦到了重要關頭或激烈的競爭時刻，一切本領就都顯露出來了，光榮的勝利都被那些最刻苦、經過多年訓練的人奪走了，到了這時，那些落第的人，才自怨自艾為什麼不多吃點苦、

多下些工夫、多操練一下、多學習一點，以便應付重要關頭。

一個希望成功的人，總是時時思考著怎樣把自己的才智、精神、體力用得恰到好處，不能令自己的才智、精神、體力往往徒自耗費、糟蹋了，就像他們揮霍金錢一樣。

有很多人時時在浪費自己的精力，不但如此，他們連自己成功的資本——身體——也毫不注意，把它糟蹋得像生了鏽的機器一般。至於他們浪費腦力的方法，那更是五花八門，對自己的腦力造成了重大的損失。

他們動不動就發怒、著急、煩惱、愁悶。這些情形比起別的壞習慣來，對生命力的損害真不知要大多少！一個人，如果他不時時注意積蓄自己的體力與心力的資本，不盡量避免損傷自己強健的軀體，那他無異於把自己的成功資本拋到大海裏去，即使他的志向再有多麼遠大，也只好望洋興歎，後悔莫及了。

當一個人失去了自信之後，人們難以再對他產生信任，他開始東做做，西弄弄，再也不會有所成就。從前生機勃勃、希望無窮，現在卻為一個廢人了。他對於那期待已久的偉大目標，只能望洋興歎了。

一個人應該明白，每天耗費精神去遊樂，最易影響你工作、讀書的效率，你將因此感到睡眠不足，終日昏昏沈沈，再也提不起精神來做事了。

有規律的生活，是人們達到成功的最有力的保障，是每一個希望在生活競技

場上奪取錦標的人所應遵守的。你當然也不能例外，假使你沒有足夠的睡眠時間、充分的運動、適量的飲食，你遲早將受到嚴厲的責罰。

可是一些人卻明知故犯，他們開足了自己身體的馬力，工作、工作、工作，直到這架機器快要被炸裂了，還不肯罷休。

在你的身體機器裏加油最好的方法，就是適度的睡眠、定量的飲食、充分的運動，最好常到鄉下去旅行，這樣能使你所耗去的精神氣力迅速恢復過來。如果你不這樣做，一輩子也休想做出任何成功的事業來。

據有關精神病專家說，自殺的最大原因，大都是腦力用得過度所致。

當你覺得身心疲憊、生活乏味、遇到任何事情都再也打不起精神，提不起興趣時，你該讓你自己去多睡一會兒，或多到鄉間散散步。如果你確實能這樣做，你的元氣不久就可以恢復過來。

抽出幾天假期，到鄉野去散步、旅行、爬山、游泳，這樣可以使你輕鬆趕走那些憂鬱苦悶的惡魔，使你立刻恢復神清氣爽、愉快振作的心情。

一個人應自重自愛，健康而快樂地生活，只有有一個好身體和快樂的心情，才會有所作為。

四 什麼都買不到健康

洛克菲勒退休後，他確定的主要目標就是保持健康的身體和心理，爭取長壽，贏得同胞的尊敬。下面是洛克菲勒達到這個目標的步驟：

1每星期日去參加禮拜，記下所學到的東西，供每天應用。

2每晚睡八小時，午睡片刻。適當休息，避免疲勞。

3每天洗一次盆浴或淋浴，保持乾淨和整潔。

4移居佛羅里達州，那裏的氣候有益於健康和長壽。

5有規律地生活。每天到戶外從事自己喜愛的運動——打高爾夫球，吸收新鮮空氣和陽光；定期做室內的運動、讀書和其他有益的活動。

6飲食有節制，細嚼慢嚥。不吃太熱或太冷的食物，以免燙壞或凍壞胃壁。

7汲取心理和精神的維生素。在每次進餐時，都說文雅的語言，還與家人、祕書、朋友一起讀勵志的書。

8雇用畢格醫生為私人醫生（他讓洛克菲勒身體健康、精神愉快、思維活躍，愉快地活到九十七歲高齡）。

9把自己的一部分財產分給需要的人共用。

洛克菲勒起初的動機還是從自利的角度考慮，他分財產給別人，只是為了換取良好的聲譽。但無意中卻收到了一種他未曾預料的效果：他透過向慈善機構捐獻，把幸福和健康送給了許多人。在他贏得聲譽的同時，他自己也得到了幸福和健康。他所建立的基金會造福於後人。

第三課：完美人生的才學資本

» 對一個人來說，誠實敬業、盡善盡美地去做好每一件事，是他在這個世界上最好的一種廣告。

一 優秀的品質令你更完美

喬治．格雷厄姆是倫敦一個很有名氣的鐘錶商。一天，來了一位顧客，在他的鋪子裏精心挑選了一隻手錶，但仍然不放心，就問格雷厄姆，手錶的精確度怎樣。

「先生，這只錶的製造和對時都是我親手完成的，」格雷厄姆回答他，「你只管放心拿去用。七年以後你來找我，如果那時候時間誤差超過五分鐘，我一定把錢退給你。」

過了七年，果然，當年的那位先生從印度回來了，他又來到格雷厄姆的鋪子裏找他。

「先生，」他說，「我把你的錶帶回來了。」

「我記得我們的條件，」格雷厄姆說，「把錶給我看看。哦，怎麼了？有

什麼地方不好？」

「是這樣，」顧客說，「我已經用了七年，它的誤差超過五分鐘了。」

「真的？如果是這樣，我就把錢退給你。」

「除非你付給我十倍的價錢，」顧客說，「不然我不退。」

「不管你開什麼條件，我都不會食言的。」格雷厄姆回答。

把錢付給了那位先生，換回了那隻錶，留著自己校準時間用。

格雷厄姆先生的手藝是向塔彼溫先生學的，塔彼溫先生是當時倫敦，也許是全世界做工最精細的機械師。一座時鐘上如果刻上了他的名字，那就是品質優異、分秒準確的標誌。有一次，一位顧客拿了一只刻了他名字的錶找他修理，錶上雖然刻了他的名字，但實際上卻是冒牌貨。塔彼溫二話不說，拿起錘子把錶砸了個粉碎。看著顧客目瞪口呆，他拿出一只自己製作的手錶遞給他，說道：「先生，這才是我的產品。」

格雷厄姆先生一生有很多發明，他發明的太陽系儀、司行輪、水銀鐘擺等，後人一直都在使用，到現在幾乎也沒有什麼改進。他為格林威治天文臺製作了一台大鐘，到現在走時已經超過一百五十年還是性能良好，只是每走十五個月需要調時一次。由於塔彼溫和格雷厄姆的工作達到了盡善盡美的至高境界，最後他們都葬在了西敏寺。

一個五金店老闆一下子訂了兩打，這麼大的定單，梅多爾以前從來沒有接過。紐約的一個商人來村子裏兜售他的貨物，看到五金店老闆已經訂做好的錘子，把它們全部買走了，還留下了一個長期定單。

梅多爾其實只要按照已有的技術標準做下去，很快就能發大財；但在整個漫長的工作過程中，他總是在想辦法改進每一個細節。儘管這些錘子在交貨時並沒有什麼「質量優秀」的標籤，但只要在錘子上刻有「梅多爾」幾個字，就意味著它的質量達到了世界頂級水平。

對一種商品來說，質量好、性能優越是世界上最好的廣告。

二 善於自嘲

人的一生，總會有很多不如意、失落，甚至會有那麼幾次感到絕望。每一個人也難免會失誤或存在缺陷。而最佳的方法是嘲笑自己。

美國著名演說家羅伯特，頭禿得很厲害，在他頭頂上很難找到幾根頭髮。在他過六十歲生日那天，有許多朋友來給他慶賀生日，妻子悄悄地勸他戴頂帽子。羅伯特卻大聲說：「我的夫人勸我今天戴頂帽子，可是你們不知道光著禿頭有多好，我是第一個知道下雨的人！」這句嘲笑自己的話，一下子使聚會的氣氛變得輕鬆起來。

有了自卑感的人，心理就容易失衡，但是我們從不少人身上發現，人有了自卑感，同時也會產生一種不斷地彌補自己的弱點的本領。往往自卑感越強的人，這種補償作用也就越明顯。

某國一位領導人最愛講一個有關他本人的笑話：「一位總統有一百個保鏢，其中一個是恐怖分子，但很不幸，他不知是哪一個。」接著他嘲笑自己改革經濟所做的努力，「而我有一百個經濟專家，其中有一個是很聰明的，但很不幸，我卻不曉得是哪一個。」

無論是生活、工作、愛情，我們都會有許多不如意，但是我們不能就此放棄，從而陷入低迷頹廢的狀態之中而不能自拔。我們需要一種解脫與超越能力，用自嘲來幫助你把心情變好。

第四課：完美人生的魅力資本

» 熱情有禮的舉止有如和暢的春風，它常常會吹動成功的碩果。而粗鄙的言語與不良的舉止會使你的交際面臨重重障礙。

一 舉止優雅才會有魅力

一個人的優雅舉止會使他充滿魅力，即便他是一個普通工人，如果他舉止優雅，也會贏得人們的尊敬。

在現實生活中，一個人的言行舉止直接關係到一件事情的成敗得失，它甚至比一個人的內在品質更容易引起人們的矚目。因而米德爾頓大主教告誡人們，「高貴的品質一旦與不雅的舉止糾纏在一起，也會令人厭倦。」

熱情有禮的舉止有如和暢的春風，它常常會吹動成功的碩果。而粗鄙的言語與不良的舉止會使你的交際面臨重重障礙。

很多時候，一個人的言談舉止反映了一個人的興趣、愛好、情感。因此，這些儀表風度就意義重大，不容忽視。但人為的禮節性規則並沒有太大價值。它們往往具有並不禮貌、並不誠實的內涵。這種禮節、禮儀只是優雅舉止的一種裝飾。

愛默生曾說：優美的身姿勝過美麗的容貌，而優雅的舉止又勝過優美的身姿。優雅的舉止是最好的藝術，它比任何繪畫和雕塑作品更讓人心曠神怡。

真正的優雅出自善良，出自對別人人格的關愛。如果希望他人尊重自己，就要尊重他人，就要關注他人的思想、情感，即使他人的思想觀點與自己的大不相同，也要善於接納。真正舉止優雅的人總是知道尊重別人的思想，從不強求一律，有時他得控制自己的情緒，虛心聽取他人的看法。他善於寬容，不輕易作任何刻薄的評論。

相反，一些粗魯的人不會尊重別人，他們寧可失掉朋友也不去收斂言行。這種不顧及別人人格者，毫無疑問是傻子。約翰遜博士說過：「每個人都無權說粗魯的語言，更無權表現他粗魯的舉止。惡毒的言行很容易將人擊倒，並且還比將一個人擊倒更令人痛恨。」

而自私者通常都不懂得尊重他人的感情，總是會有許多令人厭惡的舉動。他們並非天性惡毒，卻缺乏對他人的同情之心，無視那些使人歡樂和痛苦的生活細節，因而也可以說，判斷一個人的良好修養主要在於這個人是否有同情他人的情感。

沒有一點禮貌的人是最令人難以忍受的。這種人總會給人帶來莫名其妙的煩惱，與這種人交往，沒有一個人會感到舒心輕鬆。正是由於不懂禮貌，許多人一輩子都在與自己製造的種種麻煩對抗。由於他們的粗魯，成功與幸福總是與他們很遠，苦惱和麻煩總是離他們很近。

如同一個人的天賦一樣，一個人的性格對於他的成功影響很大。因為一個人的幸福取決於他生性樂觀的性格，取決於他的謙恭有禮和友善的交際，以及樂於助人的品質。

大多數不禮貌的行為都會讓人感到不快。譬如有些人的衣服長久都不洗；有些人過於懶散，總是蓬頭垢面，這副尊容就是不尊重他人的表現。

優雅的舉止並不在乎別人是否注意，因為它出自天然。真誠和坦率總是透過謙恭、文雅、友善和同情他人等外在行為表現出來。優雅文明的行為舉止總是讓人興奮，使人心悅誠服。正如一個人的內在品性一樣，他的行為舉止是促使成功的真正動力。

優雅的行為舉止被認為是那些出身高貴的人所特有的風度。這種說法有一定的道理，因為上層人士的子女從小就生活在一個比較好的文明環境，飽受薰陶。但這並不能成為那些下層的人們舉止粗魯的理由。

窮苦人更應該和那些上層人士一樣，懂得互相尊重。無論是在田間還是在家裏，他們都要意識到，優雅的行為舉止會帶給他們無窮的歡樂，即便是一名工人也能透過自己堅持不懈的努力，以自己文明優雅、親切友善的行為來感染他人。班傑明．富蘭克林就是一個典型的例子。他還是一名工人的時候就以自己的高雅行為改變了整個工廠的工作氣氛。

即使你身無分文，只要溫文爾雅，總能讓人歡快、愉悅。

在生活中，人們常常發現，有的人身居陋室，卻志趣高雅，家中雖然並不華貴，卻乾淨整潔，讓人感到爽快和舒適。

高雅的情趣令寒舍生輝，而美好的舉止也勝過任何華貴的衣裳。一個人優雅的風度，創造出一種環境，能讓人如沐春風。

優雅的舉止與家庭教育有關，但有的人家庭環境並不好，他卻能透過向優秀的人物學習，最終得以優雅出眾。

一塊未經雕飾的寶石，只有經過精心打磨，才能成為絕世精品。而一個人只有經過反覆地學習和改造自己，不斷向優秀的人物學習，才能不斷使自己得以提升。

敏銳是一種直覺，在這方面，知識和天資都難以與其相提並論。一位作家曾說，「天才是才華，而敏銳是技巧；天才在於知道需要什麼，而敏銳則知道應怎樣去做；天才使自己受人重視，而敏銳使他人受到尊崇；天才是資源，敏銳是現金。」

優雅的行為一旦與敏銳相結合，就會產生巨大的動力。韋克斯是最醜的男人之一。他常常說，在贏得美女的寵愛方面，他與英國最瀟灑漂亮的男人相比，相差也不過三天。

但是我們應該看到，一個人的行為舉止並不是測試一個人的品性的準確尺度。優雅的行為對於像韋克斯這樣的人來說，只不過是用來達到某種不良目的的一種裝飾。真正優雅的舉止應該跟其他藝術品一樣，給人以愉悅。但不能是一種偽裝。

有時，我們必須明白，一些心地善良的人往往缺乏優雅的舉止，正如有些相當粗糙的盒子裏卻包藏著最甜美的果實一樣。許多舉止粗俗者卻心地善良，而許多儀表堂堂者或許心狠手毒。

二　遠離粗魯言行

在歷史長河中，有許多偉人，他們總是努力改變自身所處的環境，令自己成為一個成功人士，只不過他們不太優雅的行為，還是多多少少給人們留下一些遺憾，不過他們還是令後人敬仰的，因為他們只不過天生如此罷了。

馬丁．路德被認為是一個相當粗魯的人。他所生活的時代動蕩不安、充滿暴力。他的改革生涯與這個動蕩不安的時代緊密相連。為了把歐洲人從沈睡中喚醒，他以筆為旗，激烈地鼓動歐洲人民起來與黑暗的宗教統治抗爭。儘管路德筆鋒犀利，形象粗野，好在他有一顆火熱的心。他感情樸素而單純，樸實無華自得其樂，同時又振奮人心。時至今日，德國人仍然把他當作一位相當樸素的英雄來崇拜。

薩繆爾．約翰遜舉止粗魯。他小時候曾在一個初級學校讀過書，貧困的生活使他尷尬窘迫。由於賺不到錢去買一個鋪位睡覺，晚上他只得和一個同學一起在街上四處遊蕩，等候天明。他憑藉自己頑強的毅力和非凡的勤奮終於出人頭地了，但早年經歷過的種種痛苦和磨難在他的心上洛下了一些傷痕。他沒有

學會優雅的舉止，不善於與人交流。

曾有人問他，為什麼不像他的朋友們一樣去參加貴族們舉行的宴會時，他回答說：「因為那些偉大的勳爵們、貴夫人們不喜歡看到狼吞虎嚥的食相。」而他自己就是一個吃相很不優雅的人。

許多人看上去不太優雅，但他們並非有意為之，而是因為他們天生靦腆，不知道怎樣應酬。英國歷史學家吉本出版了《羅馬帝國衰亡史》第二卷和第三卷以後，坎伯蘭公爵有一天碰見了他，公爵主動上前去跟他說話：「你好嗎，吉本先生，聽說你一直在忙於抄抄改改？」吉本聽到公爵的問話覺得太過唐突，他搖了搖頭，非常傲慢地走了。

公爵的本意是想向吉本先生表示好意，但他言語太不得體，這很容易令人誤會。

三 戰勝靦腆與羞怯

在舉止方面，一個國家與一個民族又有著不同，這就是一種米養百樣人吧！如英國人靦腆，德國人舉止僵硬笨拙，法國人善於辭令愛交際。

許多人把撒克遜民族害羞的特性稱為「英國病」，其實這是整個北歐國家的主要民族特性，只是在英國人身上顯得更加典型一些。英國人外出旅遊時，常會表現出這種天生的靦腆。他們態度生硬而動作拘謹，而且也不富有同情心。

對於那些舉止優雅的法國人來說，他們無法理解英國人的這些表現。因而英國人的羞怯成了法國人的笑料，也成了法國那些最滑稽有趣漫畫的主要內容。

在為人處世方面，法國人比英國人、德國人和美國人要高明。對於法國人來說，待人接物的規矩都成了一種自然傳統。法國人善於社交，但不善於獨處，英國人與之相反。法國人十分健談，而不習慣於沈默；他們好社交、善於辭令。而德國人則顯得僵硬而笨拙。

優雅的人和笨拙的人在社交生活中受歡迎的程度顯然有天壤之別，到底哪一類人能成為最忠實可靠的朋友？當然又另當別論。

那些笨拙的英國人一開始就不好打交道。他們常常就像吞下了一根鐵桿一樣，默無一言，這並非出於傲慢，而是由於靦腆。他們自己也想戰勝這種膽怯心理，但收效甚微。當我們發現一些作家，繪聲繪色地描繪英國人菲斯丁的笨拙行為舉止時，我們不應該感到奇怪，其實許多英國人都像一個醜婦一樣羞於見人。

在生活中，當兩個靦腆的人相遇時，他們往往缺乏熱忱，就像兩根寒氣逼人的冰柱似的。他們總是在一條路上側身而走，在一間屋子裏也背對著背，旅行時，他們總是各自坐在不同位置。當他們進餐廳吃飯時，總是找一個沒有人坐的位子。

許多著名的科學家也具有這種特徵。牛頓先生也是他那個時代最為靦腆的人了。為了不致使自己出名，他的一些偉大發現，多年也不對外公開。比如他發現了二項式原理，這一原理具有十分廣闊的應用價值，但牛頓由於擔心為名所累，為此猶豫了很多年。

他的萬有引力定律也是許多年以後才予以公開。他把月亮繞地球旋轉這個理論問題告訴科林斯時，他不准科林斯在《哲學會刊》上把自己的名字公諸於眾。他說：「我厭惡提高我的知名度。

有關莎士比亞的情況，我們可以從一些史料中查得，他也非常靦腆。他的戲劇風格早已傳遍全球，但他自己從未編輯、修訂或授權出版他的任何一本劇本。傳諸於世的所有有關莎士比亞劇本上的不同日期，都是他人的偽造。

在自己創作的劇本中，他往往扮演末流角色。他一向淡泊名利，更反對同時代的人們給他太多的虛榮。就在自己的創作激情已經消退的時候，他悄然隱退了。

當時他大約四十歲。在隨後的歲月中，他在中部地區的一個小鎮上住了下來，過著沒沒無聞的生活。這一切都足以證明了他的羞怯和謙卑。莎士比亞的羞怯還表現在他的作品裏，這是一個值得注意的情況。在他的寫作生涯中，莎士比亞在情感與道德方面的天賦都得到極為豐富的展示。

但有關希望方面的文字卻極為罕見，即使出現，也是採用一種令人沮喪、使人絕望的語調。

莎士比亞的許多十四行詩都凝聚著這種使人精神苦悶、絕望的情感。他似乎在為自己的靦腆而痛苦；為自己當演員的職業而哀傷；他不敢相信自己，絕望的感覺時時襲擾著他，無限的情感似乎錯置在他身上；是什麼讓他感到生活的虛無呢？

人們很難理解，作為一個演員，經常在觀眾面前拋頭露面，按理說這應該有助於他戰勝靦腆，但與生俱來的東西往往很不容易戰勝。

偉大的浪漫主義詩人拜倫勳爵也是一位羞怯者。他的一位傳記作家寫道，有一次拜倫正在南威爾市拜訪比戈特夫人，當他看到一些陌生人走過來時，他便從窗子裏跳了出去躲到草叢裏。

大主教霍特雷也是一個突出的例子。青少年時期，霍特雷深受羞怯感之苦。在牛津的時候，他老穿著白色粗糙的襯衫，頭戴白帽。人們都叫他「白熊」，他自己的行為舉止笨手笨腳，與這個綽號非常相稱。有人勸他，注意模仿那些舉止優雅的人在生活中的行為動作，這樣可以改掉自己一些不文雅的舉動。可是當他照著這樣去做的時候，他反而更加羞怯。

這樣一來，霍特雷徹底喪失了信心。此後，他盡力不再想有關行為舉止的事，

對別人的評價和看法盡量也滿不在乎。如此一來，他竟獲得了出乎意料的成功，竟擺脫了多年來一直折磨著他的害羞，他的行為舉止也自然起來了。

第五課：完美人生的人際資本

» 這種人際深諳人際關係的藝術，容易認識人而且善解人意，適於團體合作，更是忠實的伴侶、朋友與事業夥伴。

一 成大事者必備的社交資本

湯瑪士·海奇與嘉納同樣服務於實行多元智慧教育的寬廣學校。他講了這麼一個案例：

瑞奇與羅傑上同一家幼稚園，下課時間他們和其他小朋友在草地上奔跑。瑞奇突然跌倒碰傷膝蓋，哭了起來。所有小朋友都照樣往前跑，只有羅傑停下來。瑞奇慢慢停止哭泣，這時羅傑彎下腰撫摸自己的膝蓋說：「我也受傷了。」

羅傑的表現是人際智慧的最佳範例，羅傑對同伴的情感表現出異常的敏感，而且很快地能與同伴建立關係，他是唯一注意到瑞奇的處境而嘗試安慰他的人，雖則他的安慰方式不過是撫摸自己的膝蓋而已。這個小動作卻顯示出他建立人際關係的非凡能力，這種技巧是維持人與人親密關係（婚姻、友誼或事業夥伴）的關鍵。一個稚齡孩童已顯出這樣的技巧，長大後必擁有更成熟的人際能力。

人際智慧的四大要素是：

1組織能力。

這是領導者的必備技巧，包括群體的動員與協調能力。導演與製作人、軍隊指揮官及任何組織的領導者多具備這種能力，表現在孩子身上則常是遊戲場上的帶頭者。

2協商能力。

這種人善於仲裁與排解紛爭，適於發展外交、仲裁、事業購併等事業。表現在小孩子身上則常為同伴排難解紛。

3人際關係。

亦即羅傑所表現的同情心，這種人深諳人際關係的藝術，容易認識人而且善解人意，適於團體合作，更是忠實的伴侶、朋友與事業夥伴，事業上是稱職的銷售員、管理者或教師。像羅傑這樣的小孩幾乎和任何人都可相處愉快，容易與其他小朋友玩在一起，自己也樂在其中。這種孩子最善於從別人的表情判讀其內心情感，也最受同伴的喜愛。

4分析能力。

敏於察知他人的情感動機與想法，易與他人建立深刻的親密關係，心理治療師與諮詢人員是這種能力發揮到極致的例子，若再加上文學才華則可能成為優秀的小說家或戲劇家。

這些技巧是人際關係的潤滑油，是構成個人魅力與領袖風範的根本條件。具備這些社交智慧的人易與人建立關係，長於察顏觀色，領導與組織能力俱強，更是魯仲連式的人才。這種人可說是天生為領導者，能夠充任集體情感的代言人，引導群眾走向共同的目標。也因為與其共處是如此愉悅自在，這種人總是廣受歡迎。

三 你能為別人做些什麼

一個人要與關係網絡中的每個人都保持積極聯繫，最好的方式就是創造性地運用自己的日程表。

人作為社會中的一員，肯定少不了與其他人相互交往。但交往並不是我們表面上看到的，僅僅是雙方相互通通話而已，它應該包含更深一層的含義，那就是在交往雙方中間建立一個良好的關係和友誼。而在現實生活中如何進行交往是有許多技巧和經驗可循的，下面就提供一些成功與人交往的技巧，供朋友參考。

1與每個人保持積極聯繫

善於運用自己的日程表。記住那些對自己有關係的人的重要日子，比如生日或周年慶祝等。打電話給他們，至少給他們寄張卡讓他們知道你心中想著他們。

2推銷自己

與人交談時盡可能地推銷自己。當別人想要與你建立關係時，他們常常會問你是做什麼的。如果你的回答平淡似水，比如只是一句「我是一位電腦公司的一名職員」，你就失去了一個與對方交流的機會。

比較得體的回答是：「我在一家電腦公司負責軟體的開發工作，主要開發一些簡單實用的軟體程式。平時閒暇時，經常打打乒乓球、羽毛球，並且熱愛寫作。」這樣說，不僅為你的回答增添了色彩，也為對方提供了幾個話題，說不定其中就有對方感興趣的。

3你能為別人做什麼

時刻提醒自己的不是「別人能為我做什麼？」而是「我能為別人做什麼？」回答別人的問題時，不妨再接著問一下：「我能為你做些什麼？」

4多出席一些重要的場合

因為重要的場合可能會同時匯聚了自己的不少老朋友，利用這個機會你可以進一步加深一些印象，同時可能還會認識不少新朋友。所以對自己很重要的活

動，不論是升職派對，還是子女的婚禮，這一類活動是多多益善。

5 以最快速度去祝賀他

遇到朋友升遷或有其他喜事，要記得在第一時間內趕去祝賀。當你的關係網成員升職或調到新的單位去時，祝賀他們。同時，也讓他們知道你個人的情況。如果不能親自前往祝賀，最好也應該透過電話來表示一下自己的友誼。

6 激發強大能量

當雙方建立了穩固關係時，彼此會友好相處。他們會激發對方的創造力，使彼此的靈感達到至美境界。為什麼將你的影響力內圈人數限定為十人呢？因為強有力的關係需要你一個月至少維護一次，所以幾個人或許已用盡你所能有的時間。

7 別總做接受者

在交往中不能總做接受者。如果你僅僅是個接受者，無論什麼網路都會疏遠你。搭建關係網絡時，要做得好。得令你的職業生涯和個人生活都離不開它似的。

第六課：完美人生的職業資本

» 我認為，世界上最大的悲劇就是，有那麼多的年輕人從來沒有發現他們真正想做些什麼。我想，一個人若只從他的工作中獲得工資，而其他一無所有，那是最可憐的了。

一 選擇你喜歡的

如果可能的話，要試著去尋找你所喜歡的工作。美國輪胎製造商古里奇公司的董事長，在談到成功的第一要領是什麼時，他回答說：「喜愛你的工作。」但你對於想從事哪種工作尚沒有一點概念，又怎麼能夠對工作產生熱愛呢？艾德娜．卡爾夫人曾為杜邦公司雇用過數千名員工，現在是美國家庭產品公司的工業關係副總經理，她說：「我認為，世界上最大的悲劇就是，有那麼多的年輕人從來沒有發現他們真正想做些什麼。我想，一個人若只從他的工作中獲得工資，而其他一無所有，那是最可憐的了。」

選擇你所喜歡的工作，甚至對你的健康也十分重要，一家醫院的大夫協助幾家保險公司做了一項調查，研究人們長壽的因素，他們把「正確的工作」排在第一位。正好符合了哲學家喀萊爾的名言：「祝福找到心愛的工作的人們，他們已不需再企求其他的幸福。」

柯哥尼石油公司的波恩頓出版過一本名為《獲得工作的六個方法》的書。在談到今日的年輕人求職所犯的最大錯誤是什麼時，他顯然有些氣憤：「他們不知

道他們想做些什麼。這真是叫人萬分驚駭，一個人花在選購一件穿幾年就會破舊的衣服上的心思，遠比選擇一件關係將來命運的工作要多得多——而他將全部幸福和安寧都建築在這份工作上。」

一位智者告訴我們，工人不適應工作，是「社會最大的損失之一」。的確如此，多數人的憂慮、悔恨和沮喪，都是因為工作不合適而引起的。世界上最不快樂的人，也就是憎恨他們日常工作的人。

在美國陸軍中，有一種被稱作「崩潰」的軍人。他們就是被分派到錯誤單位的人！他們並不是在戰鬥中受傷的人，而是那些在普通任務中精神崩潰的人。孟寧吉博士，是當代最偉大的精神病專家之一，他在二次大戰期間主持陸軍精神病治療的工作，他說：「我們在工作中發現挑選和安置的重要性，就是說要使適當的人去從事一項適當的工作，最重要的是，要使人相信他手頭上工作的重要性。當一個人對工作沒有興趣時，他會覺得他是被安排在一個錯誤的職位上，他便覺得他不被欣賞和重視，他會相信他的才能被埋沒了，在這種情況下，我們發現，他若沒有患上精神病，也會埋下精神病的種子。」

為了某一個原因，一個人也會在工作中「精神崩潰」，如果他輕視他的工作和事業，他也會把它搞砸了。

到了最後，你自己必須做最後決定。因為將來工作是否快樂或悲哀影響的是你自己而不是別人。

二　充滿熱情地去工作

熱情能消除你在工作、生活中的壓力，令你感覺到工作的意義與快樂。

著名大提琴家卡薩爾斯在九十歲高齡時，還是每天堅持練琴四到五個小時，當樂聲不斷地從他的指間流出時，他俯屈的雙肩又變得挺直了。他疲乏的雙眼又充滿了歡樂。美國堪薩斯州威爾斯爾的萊頓直至六十八歲才開始學習繪畫。他對繪畫表現出極大熱情，在這方面獲得了驚人的成就，同時也結束了折磨他至少三十餘年的疾病。

只有有了熱情，人們才能把額外的工作視作機遇，才能把陌生人變成朋友，才能真誠地寬容別人，才能熱愛自己的工作。不論他有什麼頭銜，或有多大權力。人們有了熱情，就能產生濃厚的興趣和愛好；就會變得心胸寬廣，拋棄怨恨和仇視；就會變得輕鬆愉快，當然，還將消除心靈上的一切皺紋，也就有了生活的輝煌感。

三　勇於自我表現

戴高樂曾經說過：「困難，特別吸引堅強的人。因為只有在擁抱困難時，才

會真正認識自己。」

這句話一點也沒錯。有一個小男孩在報上看到應徵啟事，正好是適合他的一份工作。第二天早上，當他到達應徵地點時，發現應徵隊伍中已有了二十個男孩子。

如果換成另一個膽怯懦弱、不太聰明的男孩，可能會因此而打退堂鼓。但是這個小男孩卻完全不一樣，他認為自己應該多動腦筋，運用上帝賦予的智慧想辦法解決這一困難。他不往消極方面考慮，而是認真用腦子去想，看看是否有法子解決，於是，一個絕妙方法便產生了！

小男孩拿出一張紙，寫了幾行字。然後走出行列，並請求後面的男孩子為他保留位子。他走到負責招聘的祕書面前，很有禮貌地說：「先生，請你把這張便條交給老闆，這件事很重要。謝謝你！」

這位祕書對他的印象很深刻，因為他看起來神情愉悅，文質彬彬。如果是別人，祕書可能不會放在心上，但是這個小男孩不一樣，他有一股強有力的吸引力，令人難以忘記。所以，祕書將這張紙條交給了他的老闆。

老闆打開紙條，然後笑笑還給祕書，祕書也把上面的字看了一遍，笑了起來，上面是這樣寫的：

「先生，我是排在第二十一號的男孩子。請不要在見到我之前做出任何決定。」

你想他得到這份工作了嗎？你認為呢？像他這樣思考的男孩無論到什麼地方一定會有所作為。雖然他年紀很輕，但是他知道如何去想，認真思考。他已有能力在短時間內，抓住問題的核心，然後盡全力去解決它，並盡力把它做好。

實際上，你一生中會遇到很多諸如此類的問題。當你遇到問題時，一旦進行認真思考，便很容易找到解決問題的方法。

四 講究工作方法很重要

幾十年前，有一個年輕人來到美國西部，他想做一名新聞記者。可是他人生地不熟，感到無從著手，於是寫信去請教報界名人塞繆爾·克萊門斯先生（即馬克·吐溫）。不久克萊門斯先生給他回信說：「假如你能按照我的話去做，我可幫你在報界中謀得一個職位。現在請告訴你：你想進哪家報社？這家報社在哪兒？」

接到克萊門斯先生的回信，年輕人異常興奮，於是再寫一封信，說明他所嚮往的報社名稱及其地址，並向克萊門斯先生誠懇表態，願意聽從他的指示。幾天後，克萊門斯先生的第二封回信到了他手中，信中說：「如果你肯暫時只做工作不拿薪水，你到哪一家報社，人家都不會拒絕你；至於薪水問題，你可

以慢慢來。你可以對報社的人說，你近來覺得生活很空虛，現在我很想找份事做來充實生活，但可先不要報酬。這樣一來，無論那個報社現在需不需要人員，都不好一口回絕。」

「你在獲得工作之後，一定要主動做事，直到同事們漸漸感到少不了你時，你再去採訪新聞，把寫成的稿件給編輯部；如果你所寫的稿件的確符合報紙的要求，編輯自然會陸續發表你的新聞稿。這樣一來，你就會慢慢晉升到正式外派記者或編輯的職位上，大家也會漸漸重視你。這時，你沒有薪水的事就不必擔心了。而你的名字和工作業績肯定會被傳出去，這樣，你遲早會獲得一份薪水頗豐的工作。」

「不久，很多報社都來爭相聘用你，你可以拿了聘書給主編先生看，對主編先生說，其他報社要給你多少月薪，假如這裏也願意出些月薪，你仍然會繼續做下去。到了那時，也許其他報社給你更高薪水，但如果數目與這裏相差不是很大，你最好別離開老地方。」

不只這位青年，還有五位青年請教克萊門斯先生，也獲得了指示，因而都找到了他們所嚮往的工作，如今，有一位已成了美國某家權威日報的主編。

一個人只要盡心盡力地去克服自己的困難，踏踏實實，不好高騖遠地工作，他的夢想一定會實現的。

第七課：完美人生的婚姻資本

》學會處理夫妻關係的藝術，必須遵循園丁的一些成功的基本法則。

一 幸福婚姻的重要資本

園丁使植物茁壯生長的訣竅，曾被稱之為「園藝技能」。如果丈夫和妻子對他們的婚姻有「園藝技能」，掌握處理夫妻關係的藝術，他們的愛情之樹就會根深葉茂，碩果累累！「如此類比，並不是牽強附會。」

紐約的婚姻問題專家塞爾瑪·米勒說：「情感關係同所有的事物一樣，面臨著生長衰亡的自然選擇規律。」幸運的是，促使愛情生長的能力並不神祕，幾乎所有的夫妻都可以為他們的婚姻辛勤地耕耘。米勒主張：「學會處理夫妻關係的藝術，必須遵循園丁的一些成功的基本法則。」

1 瞭解你的配偶

一位著名的園藝學家說：「園藝技能的一個奧祕是瞭解植物的所有特性，哪一種需要充足的水分？哪一種喜歡陽光或樹蔭？」很少有人像園丁詳盡瞭解植物那樣瞭解你們的配偶。有經驗的人說：「甚至在一起幸福地生活多年的夫妻，也未必會像他們自己以為的那樣，能深入地互相瞭解。」

然而，相互之間透露自己的希望、目標、關心的事情以及價值觀等等，正是增進感情的鑰匙。瞭解對方最有效的方法是詢問一些具有重要意義的問題。例

如：你最寶貴的是什麼？怎樣使你感受到愛情？你引以自豪的是什麼？你煩惱的又是什麼？

這個問題的答覆正確與否無關緊要，關鍵在於理解。不要急切地要求別人迅速回答。一個增進愛情的談話，可以延續一天、一個月、甚至數年。

2善於調節生活

出色的園丁善於利用季節的變化。夫妻關係的藝術也是如此。事情沒有一成不變的。北卡羅萊納州的婚姻顧問麥克說：「這就是為什麼你們夫妻任何一個人的變化都能對愛情的增進起到催化劑的作用。」

一個中年的售貨員放棄了他在紐約的一個壓力較大的工作，到家鄉開辦了一個諮詢事務所。他的妻子擔心他們的收入會大幅度下降，擔心丈夫為此懊悔他的決定。但是，一年以後，這位妻子承認這變化給她的家帶來的奇蹟。「現在，查利鬆弛下來，我們彼此之間，與孩子之間有了更多的時間。雖然他的收入減少了，但實際上我們比過去更幸福。」

夫妻之間如果一個人只顧自己的需要或者用一個人的眼光看問題，缺乏信心，就會導致愛情的理想破滅。馬里蘭州的婚姻顧問亞伯拉罕說：「如果家庭中一個配偶想變化，而另一個堅持不變，那麼這個婚姻關係不會發展。」

3解決矛盾要及時

許多夫妻對影響他們關係的隱患視而不見。能夠引起爭端的怨恨會隨著時間的推移而逐步積累。最簡單的辦法是互相體諒、尊敬！及時緩解夫妻間的摩擦。也可以採取交替位置或獎賞的方式緩解這個衝突。

當夫妻有大衝突的時候，小煩惱也含有重要的內涵。一個丈夫整個周末都在觀看電視上的體育節目，妻子非常生氣，為此表示抗議，但她不能說出的真正的煩惱是：「你為什麼不注意我！」這種情況下，敞開思想可能會引起一個暫時的衝突，但是如果把心裏話坦率地講出，卻可以幫助他們發展處理夫妻關係的藝術和洞察力，以便解決將來的衝突。夫妻們每解決一個問題，他們的關係便更加鞏固，因為他們學會了解決矛盾的藝術。

4 把愛情計劃一下

用玫瑰圍成的遊廊和天井中的林蔭道不會是當天建成的。這是園丁幾年前就計劃並逐步形成的。「婚姻關係也是如此。」姆克基尼斯說：「我認識一對夫妻，經常在元旦這一天，坐在一起談論三年之內要做的事情，討論增進愛情的永久性計劃。」

5 精心照料婚姻

有人向傑克請教如何栽培蘭花的經驗。傑克說：「這並不神祕，你必須精心地照料它，否則，它會死亡。」婚姻的實質就是一些這樣的義務。正如一個人所

指出的：「婚姻，就是兩個人永遠生活在一起的許諾。兩個人的生活並不會總是快快樂樂的，這就是這個義務為什麼重要的關鍵所在。」

夫妻之間可以用不同的方式規定這個義務。加利福尼亞州的一位婦女皮爾，在她三十歲的時候，反覆考慮這個問題：「我和喬爾為我們的新家種植花園的時候，我注視著汗流浹背的喬爾，心想：我們將怎樣創造我們永遠分享的東西，這個花園就是我們承擔義務的象徵。正像它永遠生長一樣，我們的愛情也將永遠生長！」

二 百萬富豪的婚姻

成功者大多有一個幸福美滿的婚姻，他們是如何選擇配偶，又是如何令婚姻幸福的呢？

能夠成為成功者，是因為在人生許多重要的問題上，做了正確的抉擇，這其中之一就是正確地選擇了配偶。他們並不認為，另一半的外表是他們婚姻美滿非常重要的因素。

聰明是非常重要的擇偶條件，當然，其他的條件也很重要。他們會判斷另一半是否誠實、樂觀、可靠、有感情。他們在學校的時候，就已經學會如何正確判斷他人。他們跟許多有不同社會背景的同學來往，因此培養出正確的判斷能力，能分辨出對方是否真誠可靠，這對他們選擇人生伴侶是很重要的。

百萬富豪的離婚率比一般人都低。有專家認為，滿意另一半的財務貢獻，有助於維繫婚姻關係。就整體而言，除了愛情與外貌的吸引力之外，他們都喜歡娶一個有能力管理企業的女人為妻。

很多人都說，如果你想變成有錢人，就找個百萬富翁結婚；或是跟百萬富翁的女人結婚，你的另一半會繼承許多財產，並且跟你分享。

這些說法都是錯的。他們甚至不認為，財富是婚姻美滿的重要因素。夫妻一起創業，確實比較能賺大錢。如果有一方從旁相助，即使提供精神上的支持，也是大有幫助的。

冒險者都會特別仔細地挑選配偶，他們很重視另一半的某些特質，比如：同情心、聰明、包容、自律、安全感、脾氣溫和、美德、可靠、性情穩定。冒險者比規避風險者更認為，美滿的婚姻是因為伴侶值得尊敬、有耐心、情緒穩定、不自私。

如果夫妻從事有風險的投資，那麼這些特質尤其重要。他們經常要面對財務吃緊或是投資報酬不穩定的狀況。在結婚初期，努力打拚事業通常要比買房子、買車子或度假更重要。不是每個人都適合當冒險投資者的配偶，所以可能成功致富的人挑選配偶時會注意對方身上的某些特質。就整體而言，如果配偶失業，另

一方會仔細考慮要離婚。但是這種情況在百萬富豪的家庭就完全相反，他們在致富之前，有時可能好幾年都沒有收入。有錢人很少覺得錢夠了，他們總是將每一塊錢都拿去投資。一位白手起家的富豪說：

「如果我失去所有的錢，我還有丈夫（妻子）與小孩，這才是最重要的。他們永遠不會拋棄我。」

許許多多的富豪，他們在追求成功的道路上，經常會這樣勉勵自己。

婚姻是如何影響個人財富的呢？因為，合法的婚姻有某種體制化的特質，婚姻關係的分工合作，有助於財富的累積。而且，已婚夫婦的家庭在家庭支出上，比單身家庭佔優勢。全美國無論教育或收入水準如何，婚姻長短與財富多少都有密切的關係。

如果今天全美國的百萬富豪夫婦突然都分手，那會怎麼樣呢？當然，會增加許多單身的百萬富豪，但是也會減少三分之一的百萬富豪家庭，因為他們的資產要分割、家庭成員會分開，固定開銷要增加一倍，而且律師費也會花不少。不過要維持婚姻，除了經濟因素，還有其他的因素，就是婚前選擇配偶的人格特質，這些人格特質是美滿婚姻的必不可少的因素。

三 婚姻需要一種策略

當你們雙雙步入婚姻神聖的殿堂時，別忘了愛情策劃還在繼續，繼續……

1「愛」到永遠

談情說愛時，戀人間會脫口而出「我愛你」，一點也沒啥難為情的，只怕說不夠。可是婚後久了，這句表達情愛的話由於長期不用，便覺得不好意思說出口了，認為「愛」只是少男少女的事。其實，夫妻之間的感情也需要表白出來，這一點對女性來說尤其重要。妻子常常向丈夫發問：「你還愛我嗎？」就是想讓丈夫親口說「我愛你」，從而證實丈夫對自己的愛。

有時一封信、一束鮮花、一個電話、一個小禮物，都能表現你對愛人的深情。如果你經常出差在外，那麼別忘了打個電話，寫封信，捎回小紀念品。這些貌似平凡的小事，將使你的愛人直觀地感受到你對他的深沈的愛情。

關於夫妻關係，有一個重要的原則必須遵守，這就是：經常使伴侶覺得自己很重要。貫徹這一原則的辦法，就是坦誠地讚賞，切莫挑剔。

人人都有自尊。受重視的欲望是人類的共同特徵。若要發現他人的優點，最好的方法就是誇獎和鼓勵，這樣就可以滿足對方的虛榮心，使對方感到自己很重要。每一個妻子都有優點，至少丈夫承認這一點，否則就不會和她結婚。但結婚幾年後，夫妻感情越來越淡薄，其中很重要的一條，就是做丈夫的忘了給對方一點小小的讚賞。其實，家庭中，只要伴侶有點成績，對方就應由衷地讚美幾句，

這費不了多少事，收到的效果卻很好。

當然，說恭維話也要有分寸，十分露骨的奉承沒有人愛聽。只有發自內心的真誠讚賞，才能打動對方的心。另外，如果僅僅嘴甜，光耍「嘴皮子」，沒有實際行動，也會適得其反。

2充實愛人的生活

如果想讓女人改掉瞎猜的習慣，男人就必須以徹底忠實的態度來面對她。如果工作上需要加班會晚歸時，就應該多打電話與家裏聯絡，以免妻子產生不安。此外，女性猜疑心較重，說明她們有多餘的時間，不知道如何打發，因此，可以為她們找一個打發時間的活動。

3把嫉妒變成激勵

中世紀法國的國王路易十四曾經說過一句話：「想讓兩個女人友好相處，比讓全歐洲和平相處還難！」由此可見，女人的嫉妒心自古以來就沒有太大的改變。

那麼，你要如何才不會讓女性因自尊心受到傷害而變得面目可憎？由於嫉妒的情感是由自卑感而引起的，把這種情感轉化為上進心，就可以消除了。

可以利用她的嫉妒心，來激發她比同事、情敵或隔壁的太太更優異的奮鬥精神。站在愛人的立場，可以心平氣和地指出她的工作能力和態度都比競爭的對手略勝一籌，好讓她勉勵自己努力上進，把嫉妒心提升為上進心，更上一層樓。

4 一問三不知

如果週末或星期天到百貨公司，就經常可以看到，女性高高興興地在選購商品，而男人站在一旁，一副很無聊的樣子。

這些男人可能是陪他們的女朋友或太太來購物的。像這樣，一個難得的假日被當作「家庭經濟日」，不得不陪著太太來逛街，相信每個男人都有這種被強迫逛街、購物的經驗。

如果向女人問起「現在想做的事情是什麼」時，她們一定會回答：「逛街！」由此可見，購物對女人來說，具有特別的意義。

由於在日常生活中，被迫要盡量節省，於是，經濟狀況比較寬裕時，買些衣服或裝飾品，就成為女性最高興的一件事。

同時，百貨公司和高級的專賣店，都會很親切地招呼客人，所以，對於平時受到委屈的女人來說，是一個享受優越感的難得機會。女人之所以喜歡逛街，也許是因為這些因素。

但是，逛街時，一向缺乏果斷力的女人，想要買一種東西時，往往會因拿不定主意而猶豫不決。因此，女人不願意一個人去購物，而喜歡結伴去逛街。因為自己拿不定主意時，就可徵求一下同伴的意見，也就比較容易做決定了。

女人之所以要對購物沒有什麼經驗的男人來陪伴她，也是基於相同的理由。其實，她們想要買什麼東西，心裏早就有數，而要男人陪她一起去，只不過是想讓對方說句：「對啊！買這個不錯！」好讓自己安心。

如果你不願總是陪太太或女朋友逛商場，她們向你徵詢意見時你可以一問三不知，時間長了，她們便不會再讓你陪她們逛商場了。

5學會相互關心

常常受到太太責備「你究竟有沒有在聽我說」的男人，相信為數不少。當太太在談論鄰居或同事的事情時，由於這些對男人來說都是無關緊要的事情，所以，男人往往會不注意聽，隨便敷衍了事。

其實，這些女人之所以不考慮對方對自己所說的話有沒有興趣，而強迫對方仔細聽，不外乎讓對方承認自己的存在。

在這種情形下，必須先找出這些女人不滿的原因，從根本上消除誤解，才會見效。不過，首先要向她們解釋，別人為什麼不關心她，這一點也非常重要。

第四卷　成大事者必備的七大習慣

第一課：積極思考的習慣

第二課：勤奮儉樸的習慣

第三課：積極學習的習慣

第四課：誠實守信的習慣

第五課：持之以恒的習慣

第六課：堅持果斷的習慣

第七課：團結合作的習慣

第四卷 成大事者必備的七大習慣

第一課：積極思考的習慣

» 只有敢「想」、會「想」，善於思考、思考成功、思考未來的人，才會是成功的候選人。

一 敢想才能敢做，會想才能巧成

善於思考是由敢想和會想兩個方面構成的，那些成功的人大都因為具備了這兩方面，所以才有驚人之舉，因為敢想才能敢做，會想才能巧成。

當別人失敗時，你如果可以從他人的失敗中得出正確的想法，並繼之以行動，你就有可能成功。當你自己失敗了，你也只要轉換一個正確的想法，緊跟以一個行動，你同樣可以獲得成功。

一九三九年，美國芝加哥北密西根大道的辦公樓群可以說是慘不忍睹。每一座豪華的大廈裏面都是空空如也，沒有一絲忙碌的氣氛。一座樓出租了一半就算是幸運的。這是商業不景氣的一年，消極的心態像烏雲一般籠罩在芝加哥不動產的上空。

那時，人們常常能聽到這樣一些論調：「登廣告毫無意義，根本就沒有錢。」或「我們沒有必要工作了。」然而就在這時，一位抱著積極心態的經理進入了這個景象黯淡的地區。蕭條的景象反而給了他一個奇特的想法，而他也毫不猶豫地依著這個想法行動了起來。

這個人受雇於西北互助人壽保險公司來管理該公司在北密西根大道上的一座大樓，公司是以取消抵押品所有權而獲得這座大樓的。他開始做這份工作時，這座大樓只租出了10％。但不到一年，他就使它全部租出去了，而且還有長長的待租人名單送到他的面前。

為什麼短短時間內情況會發生這麼巨大的變化呢？記者採訪他時，他介紹了他對整件事情的思考：我準確地知道我需要什麼。我要使這些房間能100％地租出去，在當時的情況下，要做到這一點是很難的。因此我要把工作做到萬無一失，必須做到下列幾點：

1要選擇合適的房客。

2要激發吸引力：給房客提供芝加哥市最漂亮的辦公室。

3租金一定要比他們現在所付的房租低5％。

4如果房客按為期一年的租約付給我們同樣的月租，我就對他現在的租約負責。

5除此之外，我要免費為房客裝飾房間。我要雇用富有創造力的建築師和內裝工，根據新房客個人好惡來改造裝飾每一間辦公室，使他們真正滿意。

我透過推理得到下列幾個方面的認識：

第一，如果一個辦公室在以後幾年中還不能出租，我們就不能從那個辦公室得到收入。我們到年底可能得不到什麼收益，但這種情況總不會比我們沒有採取任何行動時的情況更糟。而我們現在的境況應該更好，因為我們滿足房客的需要，他們在未來的年份中會準時如數地交付房租。

第二，而且出租辦公室僅以一年為基數，這是已經形成了的習慣。在大多情況下，房間僅僅只空幾個月，就可接納新的房客。這樣，我們就有可能在盡可能短的同期內得到新的租金。

第三，在一所設備良好的大樓裏，如果一個房客一定要在他租約期滿的那一年的末了退租，也比較易於再租。免費裝飾辦公室也不會得不償失，因為這會增加全樓的股票價值。結果證明，裝修後的效果十分不錯。每一個新近裝飾過的辦公室似乎都比以前更為富麗堂皇。房客都很熱心，許多房客花費了額外的金錢。有一個房客在改建施工任務中就花費了兩萬兩千美元。

不妨讓我們對整個過程再回顧一次，從而能獲得更為清晰的瞭解及更深刻的認識。有一個人面臨著一個嚴重的問題。他手上有一座巨大的辦公大樓，可是這

座大樓十分之九的辦公室都是空閒未被租用的。

然而，在一年內這座大樓便100％地出租了。現在，就在隔壁，仍有幾十座大樓是空蕩蕩的。而造成這天壤之別的決定性因素就是經理人不同的思考角度及不一樣的心態。

一種人說：「我有一個問題，那是很可怕的。」

另一種人說：「我有一個問題，那是很好的！」

如果一個人能夠抓住他的問題尚未顯露時的好機會，洞察它並尋求解決，那麼，他就是懂得正確思考之要義的人。如果一個人能形成一種有效的想法，並緊接著付諸實踐，他就能把失敗轉變為成功。

成功是「想」出來的。只有敢「想」、會「想」，善於思考、思考成功、思考未來的人，才會是成功的候選人。如果一個人善於思考，那麼他就可以把別人難以辦成的事辦成，把自己本來辦不成的事情辦成。

積極地思考

在聖路易斯有一個非常傑出的腦科大夫，他是華盛頓大學腦科手術室的主任，他所做的手術幾乎就是奇蹟，有許多人千里迢迢地來找他求醫。

「他只不過是個幸運兒」，年輕的醫科學生可能會這樣說，「他只不過幸運

地有這種才能。」但是請別太早下結論，讓我們看看這位歐內斯特．塞克斯大夫的過去吧。

許多年以前，當他還是一個實習醫生在紐約的一家醫院實習的時候，一位醫師因為無法拯救病人而感到痛心，因為大多數的腦瘤都是無法治癒的，但他相信有一天，一定有一些醫生有勇氣去挑戰病魔，去拯救那些受苦的生命。年輕的歐內斯特．塞克斯就是這樣一個有勇氣面對挑戰的人，他有勇氣去嘗試幾乎不可能完成的任務。

當時，在美國從來沒有過成功治癒腦瘤的先例，唯一能給這個年輕人一些指導的人是一位在英國的大夫——維克多．霍斯利爵士，他對腦的解剖結構的瞭解超過任何人，是英國腦科醫學界的一位先鋒人物。塞克斯獲准跟從這位英國醫學家工作學習。

也許有些事你認為永遠無法辦到，但是有人卻能把這些變為事實，這也許就是奇蹟。別人可以，你為什麼就不能創造奇蹟呢？

「當當當……」一位塞爾維亞的牧羊少年在敲打一把長刀的刀柄，但因為刀鋒被插在了草地裏，所以躲藏在玉米地裏的來犯者聽不到這個信號，但附近的牧羊少年則可以把耳朵貼在地上聽到這個警告，正是這個簡簡單單的辦法，使塞爾維亞牧民成功地對付了藏匿於草叢中夜幕下的羅馬尼亞竊畜賊。

這些牧羊少年長大之後大都忘記了這種透過地面傳聲發出警報的辦法，但有一個人例外，他在二十五年之後以此為理論基礎做出了一個劃時代的偉大發明，他就是米哈伊洛．伊德夫斯基（一八五八～一九三五，匈牙利裔美國物理學家和發明家）。他使本來只能在一個城市內通話的電話能夠長距離使用，哪怕跨越大陸。

「我沒有機會去自己創造什麼」，你也許會這樣說，當真沒有機會？其實創造的機會在你每一天的生活中俯拾皆是，許多偉大的發明就是透過對平常的東西進行不平常的思考而得來的。

第二課：勤奮儉樸的習慣

一位年輕人可能會有很多朋友，但他會發現沒有永遠的、不變的朋友，他們隨時準備向他提出要求，而節儉卻是不斷推動他向前的朋友，它使人獨立，它使年輕人有立足之地，它使他充滿活力，它使他受到恰當的激勵。事實上，它為他帶來了成功的很大一部分──快樂和滿足感。

勤能使人走向成功，聰明的人，勤奮努力能成就大事業，而比較愚笨的人，如果能以勤為本，笨鳥先飛，同樣也能成為獲得成功的贏家。

記得《聖經》中有這樣一句話：上帝給你打開了一扇門，同時就要給你關上

一扇窗。你應該記住，勤奮實際上只是彌補你自己某一方面缺陷的良藥。

古希臘有位演講家，他的口才很好，每一次演講都能吸引眾多的聽眾。但他年輕的時候卻有口吃的毛病，經常受到大家的嘲笑。為了改正這一缺點，他堅持天天練習說話。有的時候就跑到山頂上，嘴裏含著小石子，訓練自己的口型，摸索發音的規律。正是勤奮不懈的努力使他改掉了口吃的毛病，說出了一口流暢標準的話，從而實現了做演講家的夢想。自身的缺點並不可怕，可怕的是缺少勤奮的精神。

一個人要勤，就要忌「懶」，忌「惰」。懶惰是人的醜陋人性之一，稍不留神就會流露出來。所以我們要時刻提醒自己：「成事在勤，謀事忌惰」。因為人生短暫，懶惰就如自殺。

懶惰的人始終沈迷於肢體的舒適之中。怕吃苦怕受累是懶惰者的症狀。一無所得，受人嘲笑是懶惰者的下場。

一位探險家在森林中看到一位老農正坐在樹樁上抽菸斗，於是他上前打招呼說：「您好，您在這兒做什麼呢？」

老農回答說：「上一次我要砍樹的時候，風雨大作，結果，那些樹未讓我費力就倒了。」

『您真幸運！』

「你可說對了。還有一次，暴風雨中的閃電把我準備要焚燒的乾草給點著了。」

「真是奇蹟！現在您準備做什麼？」

「所以這次我準備等一場地震幫我把馬鈴薯從地裏翻出來。」

懶惰者，缺少的是行動，他們是思想的巨人，行動的矮子。其實，幸運只給勤奮者，等待只會浪費時間，等不來幸運。懶惰，其實就是否定自己。把自己的生命，一點點送給虛無，而不想做一次奮鬥，拯救自己。

懶惰作為一種浪費，浪費的是比任何東西都寶貴的生命。一個人的青年時期，正是人生的黃金時期，這時勤奮一些將來定會受益無窮，相反，若懶惰一些，後患也將無窮。一個成功的人，是不會有任何機會讓懶惰得逞的。

只有養成勤奮的習慣，才能在事業上獲得成功。

如果你想成為一個能辦事的人，那麼你必須養成勤奮的習慣，因為：勤奮是金！

一　養成節儉的習慣

節儉這個詞，最初的意義是緊緊抓住我們已擁有的東西，主要是指在經濟方面保持慎重，與浪費和奢侈相對。它意味著自我否定和節省開支，直到我們透過

節儉而累積的財富達到一定程度，我們才可以滿足。

節儉的主要特徵在於一點，花的比賺的少，從薪資或收入中累積哪怕是很小的一部分，為了將來的富裕，只要有可能，都要將收入中的一部分按照通常的利率存起來。

08 節儉的重要性

「每個人都應該意識到，不養成節儉的習慣，就不可能存下一筆錢。」納賽爾．賽奇說。

即使你從一開始只能省下幾便士，也總比什麼都不省好；你會發現，隨著日子不斷過去，從收入中存下一部分錢會變得越來越容易。發現銀行賬戶中存款累積得那麼快，讓人非常驚訝，一個人如果養成這個習慣，將來到老了的時候，就很有可能過得比較富裕。

有些人總是把賺得的收入全都花在生活中的各種消費上，他們會發現自己永遠不可能變富。他們總是羡慕那些賺大錢的人，認為他們能夠賺大錢是他們運氣好。

事實上，在生意場上，根本沒有運氣這回事。一個總是依賴運氣的人根本就不可能度過所有的難關。那些在生活中取得成功的人，是那些從少年時代開始就

有了節儉習慣的人。

在學校的時候，他們好好地學習，當他們工作以後，他們從未希望無所事事就能賺到工資。他們也沒有總是尋找致富的捷徑。他們埋頭苦幹，從不等待一些永遠不會到來的機會。他們明白一個既成的事實，就是時代不斷在變化。

三 節儉的習慣能帶來財富

如果一個美國人從二十多歲起，每天以7％的利息儲蓄二十六美分，那麼當他到了七十多歲的時候，就會有一筆三十二萬美元的財產了。

「節儉就是財富。」這個諺語已經被絕大多數人重複了若干遍，直到我們對它感到厭煩或是滿不在乎為止，但是我們要記住，這句話之所以能成為諺語，是由於它的正確性和重要性。許多人已經證明，節儉雖然不是即時獲得大量的財富，但從長遠來講，它是潛在的財富積累。

英國著名的經濟學家馬歇爾教授評價說，每年都有五億英鎊被英國工薪階層花在一些無助於使他們的生活更快樂或更高貴的事情上面。在一個英國工業協會的會議上，協會主席在一個關於經濟部門的資金核算的演講中說他相信僅只食物浪費的資金一項，就證明上面所提到的觀點是正確的。

造成浪費的潛在原因之一，是許多人不知道怎樣才能經濟划算地花錢，他們

既不是好廚子，也不是好管家。愛德華．埃特金斯評價說，在美國，由於糟糕的廚藝而造成的浪費就超過了一億美元。

「他開始的時候應該有好的習慣和能力，這些好的習慣和能力就是節儉、誠實和經濟的算計，」菲利浦．阿莫說，「為什麼一個人應該有儲蓄的習慣並會由此獲取成功，是沒有太多理由好講的。」當被問及是什麼因素使他獲得成功時，阿莫先生說：「我想節省和經濟有很大關係。我有很多好的習慣是來源於母親的訓練和蘇格蘭祖先遺傳下來的節省和經濟的好傳統。」

「一個人應該培養儲蓄的習慣，」已經過世的馬歇爾．菲爾德說，「不管他的收入多麼少。」

事實證明，第一筆存款是大多數人工作生涯中的一個轉折。

但實際上現代都市的人非常不懂得節儉，生活奢侈，向別人炫耀自己的財富是當今這個時代的普遍現象。有人曾說過：「透過對比較富有的家庭的調查表明，一家的家長如果很奢侈、浪費，那麼他們的兒女就會很輕易地繼承這種生活方式。」

富蘭克林說：「如果你能做到支出少於收入的話，那麼你就等於得到了舊時煉金術士認為能使金屬變成黃金的點金石。」

對許多人來說，由於他們沒有節儉的習慣，因此他們就永遠也找不到「點金

石」。他們總是入不敷出，不會節省開支。如果他們能夠及時學會節儉的話，那麼他們就會很容易地開始獨立生活。

四 養成節儉的習慣就要學會自我克制

當然，我們所說的讓人們存錢的節儉，並不是指省吃儉用，對日常生活必需品的開支進行限制，而是要放棄各種奢侈的消遣娛樂活動，這些活動既會榨乾我們的錢包，也會對我們的身體和大腦產生腐蝕作用。

大多數人都不願進行自我控制的嘗試，不願放棄目前的快樂安逸而換取美好的未來。他們把錢都用來換取短暫的滿足和眼前的快樂，而並不考慮明天的生活如何去過。他們嫉妒那些比他們更加有錢的成功人士，並想知道為什麼自己不能過得更好。他們從不為自己的未來存錢，也不儲備知識。

松鼠都知道生活的這個世界不可能一直都是夏天。因此它們會儲備過冬的食物。但是大多數人都不會存錢，賺多少花多少，以至於當他們生病或老了的時候，生活沒有任何保障。沒有什麼事情是可以從頭再來的，他們的現狀建立在犧牲美好未來的基礎上。

生活放蕩會使人的能力無意識地、悄悄地溜走。許多人把較多的金錢用於不必要的東西上，諸如雪茄、酒、各種各樣的糖果、蘇打水以及各種稀奇古怪的小

飾物，他們稱這些東西為「補充品」。

相反他們花費在生活必需品、衣物和房屋上的錢卻很少。由於他們對購物的欲望缺乏控制，而且也不關心錢的去向，因此他們很難知道他們都把錢用在哪些地方。他們總是很隨意地這裏花五十元那裏花一百元，買點這個買點那個，雖然每次的花費都很少，但是一週總計的花費就會很多，一年的總開銷就更加是一個龐大的數字。

「他從來不存一分錢。」每天我們都能聽到這種描述那些能賺多少錢就用多少錢的人。

五 節儉的習慣能夠帶來更多的東西

另外，節儉的習慣意味著一個人的一種新的野心的建立。它使人增強了自信和自立的精神。任何銀行的賬戶和保險單都表明，人們渴望改善自己的生活，想生活得更好。它代表著希望、代表著野心，同時也代表做得更好的決心。

人們都希望那些不是非常貧窮的人能夠把自己的一部分收入存起來。如果年輕人能做到這一點，就表明他具有非常優秀的品質。

商業人士說，如果一個年輕人在節省錢的話，那麼同時也在節省自己的精力和體力，以免浪費；同時也表明他對世界充滿了希望，還表明他是明智的、有遠

見的，他不會因暫時的快樂而犧牲將來更多的收穫。

一個足夠你生活舒適的銀行賬戶將增加你的自尊和自信。因為它能夠表明你的實際能力和較強的獨立性。如果你知道自己有一筆固定數量的金錢或是某種安全的投資，那麼你就可以有信心面對這個世界，同時也有自信面對錯誤。

這將在你的背後支持著你的意識，將使你在任何時候都會變得強壯，同時它會阻礙那些對人有害的東西縈繞在人們左右。它將會減輕你對未來生活的緊張與擔憂，同時它會使你發揮出自身潛在的最大能力，把這種能力從壓力、恐懼中解放出來，你就會在一種自由的最佳狀態下工作。

六 養成節儉習慣的兩種途徑

透過儲蓄我們可以養成節儉的良好習慣，而買人壽保險同樣也可以養成節儉的好習慣。

誰都對銀行存款造就人們良好品格的有效性深信不疑，但是人壽保險有著更大的優點。人們可以在得到某筆錢的時候把它存到銀行，但是一旦他們有某種強烈的購物欲望時，他們就會把這筆錢花掉，如果買了人壽保險後，情況就會有所改變。

人們獲得金錢後，會像喊別人名字那樣把錢輕易用於各種開銷中。這就是為

什麼許多理財專家經常把人壽保險作為一種節儉方式向人們推薦的原因。它對人們養成節儉的習慣有著難以用語言表達的作用。

是的，人壽保險可以促使人們建立節儉的習慣。當一個有著固定工資收入的人投了一份保險之後，那麼他就有了一個確定的目標，他每年就要從他的收入中拿出一部分來支付保險費用。那麼他就可以對這樣那樣的誘惑堅定地說「不」。他也能夠對一些重要的東西說「不」，因為他知道自己必須保有這份保險。

一份保險單通常會使一個不懂得節儉的家庭中的所有成員變得節儉起來。因為這個家庭必須在每週或每個月或每年付一筆固定數額的錢，這就使得他們能夠在家庭開支上精打細算，變得節儉起來。

每個人都會很謹慎，因為他們不得不支付保險費用。每個人都出於一種保護自己身邊所愛的人的意識而把支付保險費當作一種神聖的義務。這樣他就不會愚蠢、衝動地為了滿足自我需要而花費大量的金錢。

人壽保險單是一種品格保險，一種防止愚蠢消費的保險，是一種對自己真正的保護手段。

七 清醒地面對節儉的敵人

節儉的不共戴天的敵人包括借款、對日常消費沒有清楚地記載、分期付款購

買東西等。英國偉大的傳教士斯博金說，債務、骯髒和魔鬼三位一體構成了邪惡。

債務可以在任何時候讓人忽視魔鬼給人帶來的痛苦和折磨。借款的誘惑正在快速增長著。在城市的每一個角落，人們都可以看到這樣一些廣告詞「我們相信你」，「你的借款對我們有好處」，這些都用於購買衣物、家具以及那些不是輕易買得到的東西。

但是當一個人透過分期付款購得一套家具後，他評論道：「它們確實是昂貴的東西。」事實上，這種容易支付所帶來的安逸舒適只是因為很適用於得到想要的東西。

面對分期付款的誘惑人們要保持清醒。每個人都應省下一筆錢用來應付緊急事件。

可能會有人經常玩世不恭地說：「貧窮不是一種恥辱，而只會帶來不舒適。」但是貧窮經常都是一種真正的恥辱。那些出生於貧窮之中的人可能會因貧窮而奮發向上，那些被強迫接受貧窮的人可能會克服貧窮。

約翰遜博士對博斯韋爾說：「我警告你要避免貧窮，因為它會給你帶來各種誘惑和焦慮。」

貧窮不是光彩的。如果我們不能成功地有所積累的話，那麼我們就會被認為

是一無是處的、懶惰的、不認真的以及奢侈的。他人會覺得要麼我們沒有能力賺錢，要麼我們不會節儉。

但要記住節儉不是小器吝嗇，它通常表示大方的消費。它可以永久地防止我們把重點放在一些錯誤的東西上。

八 節儉是成功的美德

提到節儉，人們馬上就會想起金錢，其實節儉不僅適用於金錢問題，而且也適用於生活中的每一件事，從明智地使用一個人的時間、精力，到養成小心翼翼的生活習慣。

節儉意味著科學地管理自己和自己的時間與金錢，意味著最明智地利用我們一生所擁有的資源。

羅斯貝利勳爵在論述節儉時認為，所有偉大的帝國必須遵循的原則就是節儉。

節儉不僅是斂聚財富的一塊基石，也是許多優秀品質的根本。節儉可以提升個人的品性，厲行節儉對人的其他能力也有很好的助益。節儉在許多方面都是卓越不凡的一個標誌。節儉習慣表明人的自我控制能力，同時也證明一個人不是其欲望和弱點的不可救藥的犧牲品，他能夠支配自己的金錢，主宰自己的命運。

一個節儉的人是不會懶散的，他有自己的一定之規。他精力充沛，勤奮刻苦，而且比起那些奢侈浪費的人更加誠實。

如果你養成了節儉的美德，那麼就意味著你證明了自己具有控制自己欲望的能力，意味著你已開始主宰你自己，意味著你正在培養一些最重要的個人品質，即自力更生、獨立自主、謹慎小心、深謀遠慮，以及聰明機智和獨創能力。換言之，就表明了你有生活的目標，你是一個非同一般的人。

一位作家在談到節儉時說：「節儉不需要超常的勇氣，也不需要超常的智力和任何超人的本領，它只需要常識和抵制自私享樂欲望的能力。實際上，節儉不過是日常工作活動中的常識。它不一定要有強烈的決心，而只要有一點點耐心和自我克制。養成節儉習慣的方法就是馬上開始厲行節儉！自我克制者越節儉，節儉就變得越容易，他們為此所做的犧牲就能越快得到回報。」

第三課：積極學習的習慣

» 讀書的美妙之處：它可以透過你的觀察力產生力量，並立即改變你的人生。它還可以積聚使人生發生改變的知識。

一　一本好書的力量

下面這個故事講述了一本書是如何改變了馬修．麥康納一個年輕的好萊塢演員的一生的故事。他曾擔任由約翰．格里斯漢的暢銷書改編成的電影《伺機復仇》的主角。而改變他一生的這本書為《世界上最偉大的推銷員》。

麥克康奧吉說：「在德克薩斯大學，我的入學專業是法律。可是當我讀了《世界上最偉大的推銷員》的前兩章後，我立刻覺得我最想上的是電影學校。第二天，我便改變了主修專業。」

在大學的時候，麥康納在一部低成本的影片《意亂情迷》中扮演了一個角色。由於他的表演非常出色以致導演根據他的表演特質，修改了劇本，以延長他的表演時間。他出色的表演很快引起了好萊塢的注意。在搬到洛杉磯幾個月後，他成功地在幾部高預算、大投入的電影裏擔任主要角色，其中包括《伺機復仇》和史蒂芬．史匹伯的《阿米斯泰德》。

讀一本書不可能立刻提高你的知識水準，可是讀一本書——僅一冊實實在在的書，的確能夠使你加深對自己的瞭解。透過讀《世界上最偉大的推銷員》這本書，馬修．麥康納明白了自己真正的追求，並認識到變得富有意味著把自己的天賦和才能發揮得更好，而不僅僅是增加你銀行賬戶上的存款數字。

這就是讀書的美妙之處：它可以透過你的觀察力產生力量，並立即改變你的人生；它還可以積聚使人生發生改變的知識。無論哪種方式，讀書都能擴大你的

視野，並且以各種你所不能預測的方式使你成長。

讀書是如此有力量，哪怕是單獨一本書，甚至一個簡單的句子，都可能改變你的一生。《世界上最偉大的推銷員》激勵了麥康納。我們可以肯定，當他拿起這本書來讀時，並不是抱著讀兩個章節，然後第二天就完全改變生命方向的目的的。

但我們誰都不可否認，書寫的文字是如此有力量，它能讓一個人停止走向死胡同，從而完全改變你一生的前進方向。

當我們研究成功人士的事跡時，常常發現：他們的成功一直可以追溯到他們拿起書籍的那一天。

在我們接觸過的事業成功人士之中，大多數人都酷愛讀書——自小學開始，經由中學、大學，以至於成年之後。

區別成功人士和普通人最簡單的方法，就是前者喜歡讀書。

大約有四分之三的成功人士在小學和中學時讀過的書，是其他人無論如何也趕不上的。

60％左右的成功人士在大學時的閱讀量遠遠超過他們的同班的人。

時至今日，這些成功人士的年平均閱讀量也在二十本書上下。小說與文學傳記各占一半，高出普通人很多。

也許你對教育工作者一年平均閱讀二十幾本書不會感到任何驚訝，還認為是理所當然的。可是，如果是在同一時期，成功人士也閱讀了十五本至二十本書，你又有何感想呢？

那些成功人士一年要閱讀的書平均起來每人大概有二十本左右，或每三週至少看一本書，他們閱讀的內容涉及政治、經濟、文學等各個方面。這就說明有半數以上的成功人士都有很大的閱讀量。

事實上，有19％的成功人士說他們一年至少要閱讀二十六本書，這些書中小說類與傳記文學類各佔一半。

雖然有很多成功人士都列出了不同的愛好及家庭的活動作為他們最喜愛的休閒娛樂，但是時至今日，閱讀仍是最流行的一種消遣方式。這並沒有什麼可讓人驚訝的，因為成功與閱讀之間具有互補的作用，但是成功人士是怎樣從閱讀中獲得成功的方法，提高他們自身的素質的呢？

書雖然是一種沒有聲音的東西，但是它對人類的影響卻是非常深遠的，如果你經常閱讀各行業成功人士的傳記或者是自傳並透過靜心的思索，你就有可能從中找出適合自己的成功之路來。

俄國著名的學者赫爾岑說過：「書是和人類一起成長起來的，一切震撼智慧的學說，一切打動心靈的熱情都在書裏結晶形成；書本中記述了人類生活中宏大

規模的自由，記述了被稱為世界史的宏偉自傳。」

書籍蘊涵著千百年來人類的智慧與理性，正因為其中的人性之處，才使得一些書籍顯得偉大，所以書籍燦然有光。書籍是一種工具，它能在黑暗的日子裏鼓勵你，使你大膽地走入一個別開生面的境界，使你適應這種境界的需要。

所以古人云：「天下才子必讀書。」

讀書，是你事業的必由之路，是你走向成功的鑰匙。

我們可以發現，有很大一部分成功人士並不一定能受到十分良好的教育，因為許多人是窮苦人家的孩子。他們之所以能成功，除了有一個遠大的志向、堅強的性格和家庭的影響外，往往得益於某種啟迪。這種啟迪除了書之外，還能是什麼呢？

眾所皆知，愛迪生僅在學校進行了三個月的學習便退學了，愛迪生沒能受過良好的教育，他的母親是他的真正啟蒙老師。

母親教他算術、歷史、地理、英文、文學等多門課程，並在傳授知識的同時，不斷地擴大愛迪生的知識面，啟發愛迪生的智力，同時母親還經常鼓勵他，希望他能好好讀書以便日後成就一番事業。

母親還經常為愛迪生購買一些科學讀物，在這些讀物中有一本題名為《派克科學讀本》的書把愛迪生深深地吸引住了，並為愛迪生豐富的想像力插上了科學

的翅膀。

如果你認為愛迪生的成功除了受到母親的教育啟蒙和堅忍不拔的品質外，還與偶得《派克科學讀本》而獲得了開啟人生成功的這把鑰匙有關。那麼我們還可以看看富蘭克林，要知道，他的成功絕不僅僅源於某一本書。

恐怕沒有人會在富蘭克林這個名字面前無動於衷，即使你不是一個美國人，沒有享受過富蘭克林對於美國民主所做出的一切貢獻，但你總會感受到避雷針的好處吧，富蘭克林就是它的發明人。

俗話說的好，學然後知不足。對於富蘭克林的求知欲來說，就像一塊永遠不會吸飽的海綿。

他讀的書越多，越覺得自己知識上的貧乏，就越想到群書之中博覽一番。

富蘭克林為了滿足讀到更多書的願望，他召集了幾個愛好讀書的朋友共同組織了一個讀書俱樂部，取名為「共同社」。其成員都把自己的書拿出來，建立了一個小型圖書館，使每個成員都能讀到更多的書。

在「共同社」的支持下，三年之後，富蘭克林又創辦了一個規模更大的費城公共圖書館。這個圖書館的創辦還得到了社會各界的資助，並且越辦越興旺，當年小而且簡陋的圖書館，日後竟發展成為北美公共圖書館之母。

從此以後，富蘭克林開始取得事業上的成功，他又計劃建立了美國第一家圖

書館。這時共有一百人捐款，羅克登大律師還把捐贈的一些事宜表述為法律的形式，並使之成為北美洲募捐圖書館之母。

康德對富蘭克林的評價實在是再恰當不過了：「富蘭克林是從天上偷竊火種的第二個普羅米修斯。」

列寧一生之中都極重視讀書與學習。在其逝世的前幾個月，他還在一篇文章中這樣寫道：「我們一定要給自己提出這樣的任務，第一是學習，第二是學習，第三還是學習，然後要檢查，使學問真正深入到我們的血肉裏面去。」

同樣，科學界的巨人愛因斯坦對讀書也是一往情深。他在中學時代就喜歡讀那些自然科學的故事，對於隕星、地震、風暴等等方面的書，都如饑似渴地閱讀，在蘇黎世聯邦工業大學時，他曾為自己制訂了一份學年、學期和每月的讀書計劃，依次閱讀哲學家柏拉圖、拉莫、笛卡兒、培根、亞里士多德、康德和物理學家牛頓、麥克斯韋、赫茲、拉普拉斯等人的著作。

在不斷地讀書與學習中，他才累積了如此淵博的知識，並在此基礎上提出了他那超越時代的狹義相對論。

大文學家魯迅也幾十年如一日地保持著勤奮讀書的好習慣。他平時除了寫作外，就是讀書，當他感到累了或困了就靠在籐椅上翻翻報紙、看看雜誌，把讀書當作了一種休息與娛樂。

即使在魯迅逝世的那一天，在他呼吸十分微弱，血壓反常的情況下，他還向其妻許廣平要了一份當天的報紙，對上面的消息和文章做了詳細的閱讀。

不用再更多地舉例了，擁有了書你才可能擁有整個世界。

你需要讀書，讀書是積累知識最直接的方式。以書為友，你將獲益良多。

第四課：誠實守信的習慣

» 誠實是一種美德，更是一筆財富，每個人都應該培養自己誠實的美德，作為我們成功人生的一種投資。

一 誠實品質的力量

阿伯德．卡德的母親這樣告訴他：「去吧，孩子，我把你交給上帝了。」在給了他四十個銀幣之後，母親又讓他發誓，無論什麼時候都不要撒謊，「孩子，可能在接受上帝的審判之前，我們再也沒機會見面了。」

這個年輕人離開家去賺錢了。但是幾天之後，他們一行人遇上了搶劫的強盜。

「你身上有錢嗎？」一個強盜問他。「有四十個銀幣縫在我的外衣裏面。」阿伯德．卡德老實地回答說，但是這個回答卻令強盜們狂笑起來。「你身上到

底有多少錢？」另一個強盜惡狠狠地問道。這個老實的年輕人又重複了他剛才的回答。但是，根本沒有人將他的話放在心上，就是因為他說得太坦白了，反而沒有人相信了。

「到這邊來，孩子，」強盜團夥的首領說，他早就注意到了他的兩個手下盤問的這個年輕人了，「告訴我，你身上到底有沒有錢？」

「我已經告訴過你的兩個手下了，我的衣服下面縫了四十個銀幣，但他們看來並不相信我。」

「把他的外衣掀起來。」強盜首領命令道，於是很快地那些銀幣就被搜了出來。

「你為什麼要說出來？」那夥強盜詢問他。

「因為我不能背叛我的母親，我向她發過誓——我永遠都不能撒謊。」

那夥強盜聽到這句話，心頭一顫，好像都被感動了。那首領對他說：「孩子，你雖然這麼年輕，但卻對你向母親承擔的責任如此認真，而我的所作所為與你有天壤之別。尤其是我作為一個成年人，對於上帝賦予我的責任怎麼能如此視若無睹呢？把你的手伸給我，我要按在你的手上重新發誓。」

他說到做到，他的手下也被深深地打動了。

「在犯罪的時候，你是我們的首領，」他的一個下屬說，「那麼，最起碼，

在走上正軌的道路上，你也是我們的領袖。」那人也握住男孩子的手，像他的首領那樣重新發誓。然後，這些人一個接一個地仿效他們的首領在男孩子的面前重新又發起了誓。

所以，誠實的美德即便是從小孩子身上表現出來，也會在周圍的人中間產生積極的影響。它可能產生不了像在阿拉伯故事中那種驚人的效果，但無論如何，周圍的人是能夠感覺得到美德的存在的。

「如果還沒有找到誠實的美德的話，那我們也應該在誠實的品質和名聲方面進行投資，以此作為最好的發財致富的方式。」米拉波曾這樣說過。

「瓊斯先生，」埃森·艾倫來到他的律師瓊斯的辦公室，說道，「我欠了一位在波士頓的先生六十鎊錢，現在他已經差人把借據送來催債了。可是，現在我沒法還他，想請你把還債日期推遲一下，等我賺夠了錢，我就把錢還給他。」「好吧。」瓊斯先生說。

等到了法院開庭的時候，瓊斯先生站起來發言：「尊敬的法官大人，我們對借據上這個簽名的真實性表示懷疑。」他知道，基於這個理由法庭就要從波士頓傳喚證人，這樣艾倫就有時間準備還債的錢了。

但此時艾倫竟大叫起來，他的聲音如同鐘鳴般巨大：「瓊斯先生，我不是雇你到這兒來撒謊的！這是一張真實的借據！我簽過字的，我可以發誓，我會

還的！我並不是想抵賴，我只是需要時間。我雇用了你只是想讓你說服法庭推遲還債的日期，等法庭下次開庭的時候再還，而不是請你來這裏撒謊和矇騙的！」這位律師知趣地退卻了，但法庭還是同意把還款日期延遲。

「如果我雇用了你，」底特律一家雜貨鋪的老闆對一個剛到店裏來求職的男孩子說，「我想你會按照我說的去做吧？」

「是的，老闆。」

「如果我告訴你白糖的品質是上乘的，而實際上它們的品質卻是很差的，你會怎麼說？」

男孩子一分鐘也沒猶豫，他說：「我會說它們品質上乘。」

「如果我告訴你咖啡是純淨的，雖然你明明知道裏面有大豆，你又會怎麼說？」

「我會說咖啡是純淨的。」

「如果我告訴你奶油是新鮮的，而它們實際上卻是已經在店裏保存了一個月了，你會怎麼說？」

「我會說奶油是新鮮的。」

這個商人的神色顯得有點惶恐，他非常嚴肅地問道：「你要多少錢才會為我幹活？」

「一週一百美元。」這個男孩子以一種生意人的口吻回答道。

這個小雜貨店老闆差點從凳子上掉下來，他又無比驚奇地重複了一遍：「一百美元一週？」「而且，兩週以後還要按一定的比例增加，」這個男孩子冷冷地說道，「因為，你知道，一流的騙子也要有一流的價碼。如果你的生意中需要一流的騙子，那麼你就得付出一流的工資。若不然的話，我只要每週三美元就可以為你工作。」

男孩子以其人之道還治其人之身，結果，以每週三美元的工資得到了這份工作。不要忘記，最終決定一個人能否成功的關鍵還是在於他是否誠實。即使一個不具備誠實本質的人能夠取得成功，那也是暫時的。

誠懇的魅力

誠懇是一種特質，能帶來自我滿足、自我尊重，是一天二十四小時都伴隨我們的精神力量。它將指引我們獲得榮耀、名聲及財富——或是將我們發配到失敗的悲慘境地。

還記得美國內戰時期的林肯總統嗎？他可以說是一個最誠懇的人了。

有一次，林肯的一位朋友告訴他，他的敵人在背後惡意中傷他。

「我並不在乎他們怎麼說，」林肯回答，「反正他們說的又不是真話。」坦

蕩的個性使林肯不受流言蜚語所困。

誠懇是一種動機。在別人把他們的時間、精力或金錢交給你之前，有權利質疑你的誠意。因此，你在準備進行一項計劃之前，先瞭解自己是否有誠意。問問自己：「我是否想要用良好的服務或產品，賺取合理的利潤；或者我希望不勞而獲？」向別人證明你的誠意非常困難，但是你必須隨時準備好，努力表現出你的誠意。

面對困難時，你對於達成目標的誠意，將幫助你度過艱難的時期。如果你知道自己所賺的每一塊錢，都真誠地為別人提供相對的價值，就能逐漸形成良好的口碑。

真誠地幫助別人，可以達成你自己的人生目標。這樣一來，就是在生意淡季或低潮之時，你的顧客仍將會應接不暇。

三 誠信是經商的基礎

一些年輕人開始經商時，常常抱著這樣的看法，即認為一個人的信用是建立在金錢基礎上的。一個有錢的人、有雄厚資本的人，就有信用，其實這種想法是不對的。與百萬財富比起來，高尚的品格、精明的才幹、吃苦耐勞的精神要高貴得多。

任何人都應該努力培植自己良好的名譽，使人們都願意與你深交，都願意竭力來幫助你。一個明智的商人一定要把自己訓練得十分出色，不僅要有經商的本領，為人也要做到十分的誠實、守信和坦率，在決策方面要培養起堅定而迅速的決斷力。

有很多銀行家非常有眼光，他們對那些資本雄厚，但品行不好、不值得人信任的人，絕不會放貸一分錢；他們反而願意把錢借給那些資本不多，但肯吃苦、能耐勞、小心謹慎、時時注意商機的人。

銀行信貸部的職員們在每次貸出一筆款項之前，一定會對申請人的信用狀況研究一番：對方生意是否穩當？能否成功？只有等到覺得對方實在很可靠，沒有問題時，他們才肯貸出款項去。

任何人都應該懂得：人格是自己一生最重要的資本。要知道，欠錢不還時，其實是在拿他的人格做典當。

一個人的品格大都是經過他的習慣來培植成功的。有些人原來品格優良，但後來因為沾染了一種惡習，結果再也沒有出頭之日。很多人一開始很不注意自己的習慣，覺得那只是暫時的小事。

但是，久而久之，他可能會因為一些惡習而為人所排擠，到時候他可能會懊悔起來，開始反思：『想不到那樣隨便玩玩也會成為改不了的習慣。』但是，到

時再懊悔又有什麼用呢？

一個有志成功的人，為了自己的前途無論如何都要抵制不良的誘惑，在任何誘惑面前都要堅定決心、不為所惑。他必須永遠善於自我克制：不飲酒，不參與賭博，不弄虛作假，不因為毫無意義的專案而舉債，不上賽馬場。他的娛樂專案應該是正當而有意義的。

否則，只要稍動邪念，他就可以一下毀掉自己的信用、品格和成功。如果去仔細分析一個人失敗的原因，就可知道多半是因為那人有著種種不良的習慣。

那家雜誌社的社長查爾斯．克拉克先生也對卡內基說：「很多人能獲得成功靠的就是獲得他人的信任。但到今天仍然有許多商人對於獲得他人的信任一事漫不經心、不以為然，不肯在這一方面花些心血和精力。這種人肯定不會長久地發達，可能用不了多久就要失敗。

「我可以十分有把握地拿一句話去奉勸想在商業上有所作為的人：你應該隨時隨地地去加強你的信用。一個人要想加強自己的信用，並非心裏想著就能實現，他一定要有堅強的決心，以努力奮鬥去實現。只有實際的行動才能實現他的志願，也只有實際的行動才能使他有所成就。

很多人都沒有注意到：越是細小的事情，越容易給人留下深刻的印象。比如，你向人借錢後，到了約定的日子仍沒去還錢，你隨口說過幾天再說吧。對方如果

稍有判斷力，他定可以看出你是一個怎樣的人，你的信用狀況又是怎樣。

儘管有些人平日為人的確誠實可靠，但他們有一個毛病，那就是對任何事情都太馬虎，這樣就容易在不知不覺中使自己的信用喪失。一個精明幹練的商人做起事來總是很迅速、敏捷，從不顯露出拖拖拉拉、行動遲緩的樣子，這就是他們走向成功的不二法門。

要獲得他人的信任，除了要有正直誠實的品格外，還要有敏捷、正確的做事習慣。即使是一個資本雄厚的人，如果做事優柔寡斷，頭腦不清，缺乏敏捷的手腕和果斷的決策能力，那麼他的信用仍然維持不住。而一個人一旦失信於人一次，別人下次再也不願意和他交往或發生貿易往來了。別人願意去找信用可靠的人，而不願再找他，因為他的不守信用可能會生出許多麻煩來。

如果一個人想使自己的信用破產，那真是再簡單不過的事情。即使你多年來一直有誠實守信的歷史，但你從今日開始只要變得糊塗起來，不再把事情放在心上，丟三納四，錯誤不斷，這種情況過不了多久，就再也沒一個人會來信任你了。

四 信任是人生存在的重要條件

兩個淘金人在起伏的沙海中迷失了道路。白天炎炎的烈日，夜裏刺骨的寒冷，不僅耗盡了他們的食物與淡水，也消耗了他們的精神與體力。肩上沈重的金

子使他們疲憊的身軀變得極度虛弱，但橫亙在面前的依然是那一望無垠的沙海。

隨著時間的流失，淘金人的信念開始動搖。儘管金子的沈重增加了他們行走的困難，他們也知道因此會被奪去生命，但他們仍然捨不得那誘人的燦燦金色。因為，正是為了那些金子，他們才選擇了這條人跡罕至的險途。

就在他們百般絕望的時候，淘金人遇到了一個穿越沙漠的當地人，但當地人已沒有食物和水送給他們。但他告訴淘金者說，只要跟著他走，他會帶他們走出沙漠的，因為他已穿越沙漠無數次。

我們已習慣了鄰居猜疑的目光；我們已經認可了危難中的旁觀和冷漠；我們理所當然地對來客反覆地驗明正身；我們更習慣了買東西時售貨員仔細地檢驗鈔票的真偽，而我們自己不厭其煩地查明貨色的真假的場景；甚至，在發薪水的時候，面對剛剛從銀行提出的鈔票，我們也會下意識地揉搓一下，聽聽聲響。

當物質的文明得到發展的時候，我們的精神卻在不同程度地開始荒蕪。我們開始變得不再相信任何人。甚至，當我們感歎並堅信，世界上除了自己的母親之外，什麼都可能是假的的時候，科學家卻在告訴我們，就在說這話的同時，正有數百名試管嬰兒在誕生。那我們唯一堅信的母親又豈能個個是真？

我們以往的信任都到哪兒去了呢？

我們可以持有懷疑，但我們又怎能沒有信任？只有彼此間的信任，才是我們

生存的根源，而絕不是具有法律效力的合約與契約。就像那個枯死的淘金者，僅僅是因為懷疑，就拒絕了信任，從而也就拒絕了原本可以活下去的希望。

重建信任吧，假如沒有了這心靈上的契約，我們的世界將失去平靜和色彩，也許世界真的就變成了那個枯死的淘金者最後生命中的沙漠。

二十世紀五〇年代後，海灣地區大量發現和開發石油，各國統治者相繼加快了本國的建設步伐。他們需要擴建皇宮，修築公路等。這給了奧斯曼一個機會，他以創業者的遠見率領自己的公司開進了海灣地區。

他面見沙烏地阿拉伯國王，陳述自己的意圖，並向國王保證：他將以低投標、高品質、講信譽來承包工程。沙烏地阿拉伯國王答應了奧斯曼的請求。後來工程完工時，奧斯曼請來沙特國王主持儀式，沙特國王對此極為滿意。

人先信而後求能，奧斯曼講究信譽，保證品質的管理方法和經營原則，使他的影響不斷擴大。隨後幾年，奧斯曼在科威特、約旦、蘇丹、利比亞等國建立了自己的分公司，成為享譽中東地區的大建築承包商。

奧斯曼講究信譽的作法，在一定情況下會使自己吃虧。但虧必有盈，給其事業發展帶來的是積極的甚至長遠的影響。

一九六〇年，奧斯曼承包了世界上著名的阿斯旺高壩工程。壩址地質構造複雜、氣溫高、機械老化等不利因素給建築者帶來了重重困難，從所獲利潤來說，

承包阿斯旺高壩工程還不如在國外承包一件大建築。奧斯曼為了國家和人民的利益，克服一切困難，完成了阿斯旺高壩工程第一期的合攏工程。但隨後卻發生了一件

奧斯曼講究誠信的為人方法，不僅使他在商界獲取了巨大的成功，而且使他在政界大放異彩——奧斯曼被任命為主管人民發展事務的副總理，負責制訂全國發展計劃總綱要。奧斯曼同時被民族民主黨人民發展委員會選為主席。

奧斯曼講求誠信，因而做事對人都是直言不諱。一九八一年奧斯曼出版了《我的經歷隨筆》，書中直接指控已故總統納賽爾，抨擊納賽爾執政期間的作法。這引起了納賽爾親信們的不滿，埃及議會準備成立調查委員會，對奧斯曼進行調查。沙達特總統急忙接見奧斯曼，商討對策，最後決定：為了平息風波，息事寧人，停止該書的發行，奧斯曼被迫辭去副總理職務。

穆巴拉克任總統後，鑒於奧斯曼在埃及和阿拉伯世界的影響以及他擁有雄厚資金，仍讓其擔任民族民主黨人民發展委員會主席。一九八四年，他當選為人民議會議員。

講究誠信，奧斯曼成為鉅商，又因此而馳騁政壇，可以說，誠信是他一輩子的財富。

第五課：持之以恒的習慣

» 有心人都會發現，這些成功的人其實都有一個共同點，那就是：應用了其他人未應用的一般規律一一堅持，它就是成功與失敗的分界。

一 成敗往往只有一線之隔

許多失敗其實如果你肯再多堅持一分鐘或再多付出一點努力，是可以轉化為成功的。

在貝爾之前，很多人都宣稱自己發明了電話，其中的菲利浦·利斯幾乎成功了，卻由於電流的間斷不持續，因而無法通話。貝爾把一顆小小的螺絲轉動了四分之一圈，把間斷的電流轉換成等幅電流，解決了這個問題，而成為電話的發明人。

法院的判決書是這樣寫的：「利斯和貝爾兩人之間的不同之處在於，利斯在中途停了下來，所以失敗了。貝爾持續工作，直到取得成果。」

飛機的發明人萊特兄弟只是將別人試過的方法和原理重新組合，加上自己的創意，才成功地發明了飛機。他們創造了一種新型的機體，所以在別人失敗的地方，他們卻成功了。他們的創意相當簡單，在特製的機翼上加上活動的襟翼，以使飛行員能夠控制並且維持機身的平衡。他們所設計的襟翼，成為現代飛機的始

祖。

有心人都會發現，這些成功的人其實都有一個共同點，那就是：應用了其他人未應用的一般規律——堅持，它就是成功與失敗的分界。

02 耐心讓你無往而不勝

逆境磨煉出耐力，從而使你有足夠的力量去克服巨大的障礙；這力量包括了自信、毅力及非常重要的自知之明。所以，當你遭遇困難時，不要灰心喪氣，因為你可以藉此發現個人的弱點。

你的缺點或許是對競爭者做出草率的判斷，又或許你的眼光太狹隘，而忽略了許多該做的事情。讓逆境指引你，讓你瞭解自己犯錯的地方，並培養你所缺乏的特質。沒有人會因為失敗而感到喜悅，但如果你有成功的欲望，便可以將其變成改善自己性格弱點的大好機會。

美國人向來做事急躁，這一點是他們受到全世界公認的獨特民族性。他們這種追根究柢、不達目的絕不罷休的精神，正是他們最大的力量來源。然而，這種凡事求快的個性，同時也是一項缺點，它使美國人變成全世界最沒有耐心的民族。

作戰時，有很多美國士兵都發現，缺乏耐心是他們致命的弱點。他們不能沈著應戰，經常無謂地暴露在敵人的炮火之中。在商場上也是一樣。我們往往要求

在最短的時間內簽約成交，因為太過於急功近利，時常不能從容地全盤謀劃。

由於我們缺乏耐心，急著想要「得手」，極有可能把重要的優勢拱手讓給願意稍作等待的對手。

托馬斯．約翰．沃森出生於紐約北部一個農民的家庭，父母靠伐木和種地維持一家人的生活。由於家境貧寒，約翰．沃森並未受過多少正規的教育。為了減輕父母的壓力，他十七歲便開始出門做事。

他的第一份工作是為一個經營五金的商人推銷商品，週薪十二美元。後來，有人告訴沃森，推銷員通常拿的是佣金，而不是工資。若按業績算，沃森應得的週薪是六十五美元。他感到很氣憤，便毅然辭去了工作。後來，他又給一個名叫巴倫的推銷員做助手，佣金還算豐厚。他開了一家肉店，一心夢想著要締造一個零售業的帝國。然而，巴倫卻在一天捲款而逃，使沃森陷入破產。

沃森沒有就此倒下，他賣掉了肉店，在一家專賣收銀機的公司找到了一份工作。

他第一次推銷收銀機時極其失敗，遭到了老闆的嚴厲訓斥，沃森被罵得六神無主，但有著驚人忍耐力的沃森卻在這種羞辱中堅持了下來。一年後，他已成為地區中最成功的推銷員，週薪一百美元，不久，他又成為首席推銷員。

幾年後，沃森已升任這家公司的銷售部經理，由於他的成功業績，使公司

現金收銀機的銷量直線上升。然而就在此時，一場官司卻使沃森和他的另外幾位同事被判處一年徒刑及罰款。最後，沃森以五千美元的代價獲得保釋。

又過了一年，沃森由於遭人誣陷，而被老闆逐出了他為之奉獻多年的公司。此時的沃森已年居四十，但事業上的挫折並未將他擊倒。經朋友引見，他認識了 IBM 前身的奠基者查爾斯．弗林特，並受聘到他的公司來工作。開始的時候，公司裏一些地位高的人對沃森很不以為然，而且極端的歧視，沃森憑藉自己驚人的耐力，忍辱負重地工作了十年。他的堅韌和不屈不撓，以及卓越的領導才能和經營魄力，最終贏得了大家的好感，公司在不斷地成長壯大，沃森也逐漸登上了自己事業的巔峰。

耐心需要特別的勇氣，對一個理想或目標全身心地投入，而且能夠不屈不撓、堅持到底。

因此，追求人生目標的決心愈堅定，你就愈有耐心克服阻礙。這裏所謂的耐心，是指動態而非靜態，是主動而不是被動；是一種主導命運的積極力量，而不是向環境屈服的消極力量。

這種力量在我們的內心源源不絕，但必須嚴密地對它加以控制及引導，以一種幾乎是不可思議的執著投入到為既定目標的奮鬥中去。

有了堅定的人生方向，可以提高你對於小挫折的忍受力。你知道目標逐漸接

近，這些只是暫時的耽擱。如果你積極地面對困難，問題就能迎刃而解。

康斯坦絲．班涅斯特認為缺乏耐心是她最大的缺點，因此，她刻意地選擇了一種最需要耐心的工作——拍攝小寶寶的照片，並且成為其中的佼佼者。

「面對一個嬰兒，你必須想盡辦法哄他、逗他，才能拍到你想要的神情。」她說，「我喜歡給小寶寶拍照，這項工作對我的幫助很大，它培養了我的幽默感，也使我在其他方面變得更有創意。」

如何培養耐心？很簡單，只要你確定人生的目標，專注於你的目標，直到你內心充滿熾烈的欲望，你所有的意念、行動及祈禱都朝著那個方向前進。

同樣執著的理念，讓愛迪生發明了電燈，使沙克發明了小兒麻痹疫苗，讓希拉利有勇氣爬上艾維斯特峰，鼓舞海倫．凱勒超越嚴重的肢體殘障而獲致成功。

執著於你的目標，你就會擁有達成目標所需的耐心。

三 永不言敗

在現實生活中若不抱定「堅持就是勝利」的信念，很難會取得成功。那麼，我們怎樣才能做到堅持呢？

1看準目標一直向前

世界知名的演說顧問兼作家多羅西．莎諾芙記述了她在醫生宣告她將無法

唱歌之後，以特殊的方法持續她的歌唱生涯的故事。

她的故事還包括大學畢業後，不幸丟掉了第一份工作的經歷：「離我開始做第一份工作還有幾個禮拜，我的第一份工作是在聖路易市立歌劇院做臨時女替角，我感冒了，喉嚨發炎。我很笨，竟然沒有停止排練，結果喉炎越發嚴重，最後就失聲了。我只好保持安靜，希望到聖路易的時候就可以復元，但我錯了。我的聲音還是不對勁，但沒辦法，我還是想按照預定計劃，站在舞臺前，面對滿座的觀眾，與文森特．普萊斯同台演出。我不想讓我的第一份工作就這樣完蛋了，於是我跑去找國內頂尖的喉科專家，『我想你不能再唱歌了，』他說，『你可以說話，但我懷疑你是否還能唱歌。』我的第一份工作就這樣失去了。

「我茫然若失，這是任何一個歌手結束事業的前兆。醫生打算做聲帶手術。我很欣賞的一位歌劇女高音就做過這種手術，但她的聲音卻從此大不如前。除了手術，我還有另一種選擇：完全不出聲，讓聲帶有痊癒的機會。我就這麼辦了，四個半月裏完全不吭一聲，一個字也沒說。後來，我被允許悄悄低聲說十個字。之後，被允許用正常的聲音說出十個字。回音就像鐘樓的鐘聲一般，令人難忘。

「六個月之後，我成為紐約大都會歌劇試唱的最後人選，如果我還在聖路易工作，就不可能發生這樣的事。但從聖路易那次失敗後，我變成了紐約市歌

劇院的首席女高音，在十三場歌劇演出中，和格特魯德·勞倫斯合演《國王與我》，並在所有俱樂部裏演出，還曾五次出演埃德·沙利文的劇目。」

除了保持一項事業大門暢通之外，多羅西·莎諾芙還不經意地打開了另一扇門，世界知名的演說顧問。「當我失去聲音時」，她解釋道，「我發誓要學習所有和聲音相關的知識，不讓我的悲劇降臨在我認識的人身上。在這個過程中，我學到如何改變說話的方式，例如降低音量，改變共鳴音等等，我的第二個事業就此展開了。」

在每一個人的事業奮鬥過程中，執著是必不可少的素質之一。

我們很難在奔向目標進程中一步成功，只要你擁有令人激動的目標，你奔向目標的方向是正確的，你就必須抱定「咬緊牙根不放鬆」的態度，堅持到底。

別把「不」當作最後的答案，在你不幸跌倒之後，會有很多聲音在你耳邊響起，有自己的，有同事的，有專家的。答案有「年輕人，你是最棒的，站起來繼續前進」；也有「你根本就不是成功的料，趁早歇息吧！」人生之路還那麼長，怎麼能輕易對自己說「不」呢？你也可以向別人說的「不」挑戰！

一帆風順的時候，你往往會認為，自己永生永世都將成功下去，因為你比任何人都聰明能幹，比任何人都有才華，你更有資格獲得獎賞。當然，這種奇思異想無非是出自真正的恐懼，但你極易忘記這點。成功的時候，你會喪失辨別能

力。

中文裏，「危機」的「機」和「機會」的「機」是同一個字——這種語言上的吻合相當明智，我們開始將自己的危機視為機會，一切錯誤彷彿都被打垮了，危機使我們心明眼亮。

有些人，特別是一些「專家」對你說「不」，你恐怕很難拒絕「不」字，你會說「我並非專家，我僅僅在嘗試，而且我失敗了」。但你有比「專家」對自己更清醒的認識，有常人不具備的勇氣，僅此，你也可以對「專家」的「不」說——不！

四 樹立遠大的志向

如果要把水發出飽和蒸氣的話，必先把水燒到華氏兩百一十二度（相當於攝氏一百度）的溫度。兩百度不成，兩百一十度也不能辦到。水在壓力下一定要沸騰，才能發出蒸氣，才能轉動機器，才能推動火車。「溫熱」的水是不能推動任何東西的。

許多人都想用溫熱的水或未沸的水，去推動他們生命的火車；而同時卻還要詫異著，為什麼在事業上自己總是不盡如人意。一個人態度的溫熱，對於他自己的事業所產生的影響，與溫熱的水對於機車所產生的影響相等。

所謂有價值的生命者，一定是懷著一個可以主宰、統治、調遣其他一切意志和念頭的中心意志，沒有這個中心意志，人的「能力之水」是不會達到沸騰的頂點，生命的火車是不能向前突躍的。

凡是有著強有力的中心意志，一定是個積極的、有建設與創造本領的人。每個人都會嚮往一件事，希冀一件事，但真正能達到目的的，卻只有那些懷著中心意志堅強的人。

你是以怎樣的態度來應付困難的？面臨困境，你是疑慮、畏縮、厭惡、猶豫嗎？你是害怕困難嗎？你是懷著「試著看」的狐疑態度呢，還是抱著無畏的氣概、堅毅的決心，懷著一個披荊斬棘、破釜沈舟，不惜任何代價、任何犧牲都要達到目標的意志呢？

如果你是後者，那麼，你可以生出一股無畏的力量來。有著堅強的中心意志的人，在社會中一定能夠占得重要的位置，並為他人所敬仰。他的言語行動表現出有定力、有作為、有主見、有生命之目標，而又必求達到其目標。他堅定地朝著目標前進，有如急矢之趨向紅心。在這樣的一種意志之下，一切的阻隔都會消融逝去。

五 堅持下去，就會有所成就

大多數成功者都知道，成功之果只能慢慢成熟，而且常常要經過許多的失誤和挫折。他們知道，在受到挫折時沒有理由灰心喪氣，不能止步不前。相反的，他們從教訓中學到經驗，帶著堅定的毅力前進，然後堅持下去，更加努力地朝向目標奮進。

目標都是一點一點、一步一步地達到的。成功的過程是緩慢的，取得進步需要時間，所以改變現狀有時得花長年累月的光陰。成功者都懂得這個道理，在為取得成功而奮鬥的時候，容許自己經過努力與失敗一步一步地前進。他們知道想即刻如願是不現實的，正確的態度是要去實踐、去努力。

然而很多人並不瞭解，在他們取得成功之前的奮鬥過程中，可能會遇到許多挫折，面臨許多令人沮喪的挑戰。

史華茲博士在考察傑出的個人品質以及取得成功的人具有哪些特點的時候，發現「堅持下去」是所有成功者的一種共同的性格。約翰．R．約翰遜就是體現了這種「堅持」性格的人。

戴爾．卡內基寫的《處世之道》，我看了至少五十遍。班上的同學除我之外，都不敢高聲發言。我讀了一本關於演講的書，按書上說的辦法對著鏡子反覆練習說話。由於我做了一些演講，同學們選我當了班代表。後來又當了學生會主席、校刊的總編輯和學校年刊的編輯。」

一九四三年，約翰遜開辦一家小型出版公司的時候，發生了一件戲劇性的事情。當時，他想要為擴大發行他辦的《黑人文摘》做宣傳。

「我決心組織一系列以《假如我是黑人》為題的文章，請白人寫文章的時候把自己擺在黑人的地位上，嚴肅地來看這個問題，考慮假如他處在這種地位上會實實在在地做些什麼事情。」

約翰遜回憶說，「我覺得請羅斯福總統的夫人埃莉諾來寫這樣一篇文章是最好不過了，於是便給她寫了一封信。羅斯福夫人給我回了信，說她太忙，沒有時間寫。但是，她沒有說她不願意寫。因此，過了一個月之後，我又給她寫了一封信。她回信說還是太忙。以後，我每隔一個月，就給她寫一封信。她總是說連一分鐘空閒的時間都沒有。」

由於羅斯福夫人每次都說問題是沒有時間，所以約翰遜沒有退縮：「她沒有說不願意寫，所以我推想，如果我繼續寫信求她寫，總有一天她會有時間的。最後，我在報上看到她在芝加哥發表演講的消息，就決定再試一次。我打了份電報給她，問她是否願意趁待在芝加哥的時候為《黑人文摘》寫那樣一篇文章。」

她接到我的電報時，正好有一點空餘時間，就把她的想法寫了出來。

「這個消息傳了出去，反應相當好。直接的結果是，這本雜誌的發行量在一個月之內由五萬份增加到十五萬份。這確實是我在事業上的一個轉捩點。」

每個人都應瞭解，成功的旅途並非一帆風順，因而成功也就不可能一蹴而就，在你確定了目標後，你一定要徹底執行，那些爬到半山腰就認為頂峰是遙不可及而退縮的人是可悲的。

六 培養堅強的意志力的步驟

一個有著堅強意志力的人，便有創造的力量。不論做什麼事都要有堅強的意志，任何事情只有付出極大的努力才能獲得成功。

你是以怎樣的態度來應付困難的呢？當困難臨頭的時候，你是慌亂或是恐懼呢？是猶豫還是逃避呢？你面對困難的時候也是否用推脫的態度呢？比如你會想「如果我能做的話，我一定做」，還是會以「試試看」的態度對付困難呢？

事實上，人的意志力有著極大的力量，它能克服一切困難，不論所經歷的時間有多長，付出的代價有多大，無堅不摧的意志力終能幫助人達到成功的目的。

你想成為什麼樣的人，你就會成為什麼樣的人

沒有任何東西能像你心中的疑團一樣能迅速地毀滅他人對我們的信任。許多人之所以遭到失敗，原因在於他們表現出了沮喪低落的情緒，在於周圍的人們因此而對他們失去信心。

如果你總是自我評價很低，如果你總是貶低自己，幾乎可以肯定他人絕對不

會刻意去抬高你。人們通常不會費力去仔細思量你是否自我評價太低了。

到目前為止，很難見到一位自我評價很低的人做成過驚天動地的大事。一個人的成就絕不會超過他的期望。如果期望自己能成就大業，如果你強烈要求自己做一番大事，如你對自己的工作有更大的抱負，那麼，與自我貶低和對自己要求不高的心態相比，你會獲得更大的收穫。

如果你認為自己處於特別不利的境地，如果你認為自己不能獲得別人那樣的成就，如果你懷有這些思想，那麼，你根本就無法克服前進路途上的那些阻礙和束縛。這種思想意識使你根本無法成為你心中的渴望的人物。

不斷地自我貶損的人，總是把自己看得微不足道的人，總是認為自己不過是活在塵世上的一條可憐蟲的人，總是認為自己絕無可能取得任何重大成就的人，會給人們留下相應的印象，因為他們怎樣感覺，他們看上去就會怎樣。

你對自己，對自己的能力、地位、重要性和社會角色的評價，將會在你的表情上顯現出來，將會從你的行為舉止中顯現出來。

如果你感覺自己非常平庸，你就會表現得非常平庸。如果不尊重你自己，你會將這種感覺寫在你的臉上。如果你自我感覺欠佳，如果你對自己總有喋喋不休的意見，那麼，可以肯定，沒有什麼非常寶貴的東西會降臨到你的身上。

如果你自信有什麼特質，你就會將這些特質展現在人們面前，人們將對你的

各種特質留下印象。

如果你總是嚮往著你渴望擁有的那些品質，那麼，那些品質逐漸就會歸你所有，你就會將它們印在臉上，印在你的行為舉止中。要看起來很高尚，你的內心必須要感覺到很高尚。在這種優秀品質顯現在你的臉上和行為舉止中之前，你的思想中必須首先就有這種優秀品質。

七 制訂目標並不懈地追求

如果你想成為一個擁有堅強意志的人，那麼就要在心中想成為一個擁有堅強意志的人。一個能控制自己意志力的人，會具有推動社會的偉大力量。這種巨大的力量可以實現他的期待，達到他的目標。

如果一個人的意志力堅固得跟鑽石一樣，並以這種意志力引導自己朝著目標前進，那麼所面對的一切困難都會迎刃而解。遠大的目標，往往是一個人強有力的精神支柱，它能使年輕人免掉種種試探與誘惑，更不至墮落到罪惡的深淵中去。

如果你見到一個年輕人，他用斬釘截鐵的態度去實施他的計劃，而絲毫沒有「如果」、「或者」、「但是」、「可能」的念頭，那麼，這樣的年輕人，一定會免掉種種誘惑，將來也必定會獲得成功。

凡有明確目標、並能照著既定程序去做的人，便能堅定自己性格上的勇氣與

力量，而這種勇氣和力量足以支撐他的成功。

人人都應該去爭取理想的自由，因為只有自由地張揚自己的理想，才能創造出宏大、完美的成就。如果一個人不去爭取理想的自由，不以實現最高人生目的為要務，那麼不論他多麼盡心盡職，多麼發奮努力，他的一生也不會有大的成功。

八 選對方向一直做下去

沒有控制意志力的力量，便沒有持之以恒的恒心，也就沒有發明與創造的可能性。

有許多年輕人最初很熱心於他們自己的事業，但是往往就在一夜之間，竟然會放棄自己原有的事業，而去進行別的事業。他們常常在懷疑自己是否處在恰當的位置上？他們的才能怎樣加以利用才會更有價值？有時面對困難，他們會感到灰心，甚至是沮喪，或者當他們聽了某人成功了某項事業，他們便開始埋怨自己，為何自己不也去做同樣的事業。

然而，就在你這樣做的時候，成功已經離你而去了。記住，只要在一種行業中堅持下去，你就會成為這一行業的高手，而成功也會在你的堅持中到來。

九 鍛鍊忍耐力的八要素

忍耐力是人體的一種功能，是能夠加以開發也能加以鍛鍊的。加強忍耐力，我們可以從下面八個要素做起：

1目標明確化。確定你期望的是什麼是開發忍耐力的最重要因素，因為目標確定後所帶來的巨大動力，就是賦予我們克服一切困難的力量。

2願望。把願望引燃，燃燒得越熾烈，發揮忍耐力就越容易。

3信心。要信任自己的能力和價值，信心是勇氣和忍耐力的堅強後盾。

4計劃的組織化。計劃是成功的先決要件。在建立周密計劃的過程中，就可感受到忍耐力已逐漸被培養出來。

5正確的知識。以你的經驗及你的觀察力為基礎來建立計劃，如果不運用正確的知識，只靠臆測或推理下判斷，將會破壞你的忍耐力。

6合作精神。要以體貼諒解及諧調的合作精神去對待別人，這樣會強化你的忍耐力。

7意志力。持之以恒地集中最大的努力，朝目標邁進，就能培養你的忍耐力。

8習慣。忍耐力一旦成為習慣，則成功易如反掌。心智是積每日經驗而成熟的。如此，不論面臨多麼恐怖的大敵，只要不斷重複採取有勇氣的行動，即

可將之驅逐。

第六課：堅持果斷的習慣

» 對一個人的成功來說，猶豫不決、優柔寡斷是一個最大的仇敵，在它還沒有傷害到你、破壞你的力量、限制你一生的機會之前，你就要即刻把這一敵人置於死地。

一 猶豫不決的人難以獲得成功

世間最可憐的人就是那些舉棋不定、猶豫不決的人。一旦發生事情，就要去和他人商量，不自己解決，而依賴於他人的人，將會一事無成。這種主意不定、意志不堅的人，既不會相信自己，也不會為他人所信賴。

有些人簡直優柔寡斷到無可救藥的地步，他們不敢決定種種事情，不敢擔負起應負的責任。之所以這樣，是因為他們不知道事情的結果會怎樣——究竟是好是壞，是凶是吉。

他們常常擔心今天對一件事情進行了決斷，明天也許會有更好的事情發生，以致對今日的決斷發生懷疑。許多優柔寡斷的人，不敢相信他們自己能解決重要的事情。因為猶豫不決，很多人會使他們自己美好的想法陷於破滅。

決策果斷、雷厲風行的人也難免會發生錯誤，但是他們總要比那些簡直不敢開始工作、做事處處猶豫、時時小心的人好得多。

所以，對一個人的成功來說，猶豫不決、優柔寡斷是一個最大的仇敵，在它還沒有傷害到你、破壞你的力量、限制你一生的機會之前，你就要即刻把這一敵人置於死地。

不要再等待、再猶豫，更不要等到明天，今天就應該開始。要逼迫自己訓練遇事果斷堅定的能力、遇事迅速決策的能力，對於任何事情切不要猶豫不決。

當然，對於比較複雜的事情，在決斷之前需要從各方面來加以權衡和考慮。要充分運用自己的常識和知識，進行最後的判斷。但一旦打定主意，就絕不要再更改，不再留給自己回頭考慮、準備後退的餘地。

一旦決定，就要斷絕自己的後路。只有這樣做，才能養成堅決果斷的習慣，這既可以增強人的自信，同時也能博得他人的信賴。有了這種習慣後，在最初的時候，也許會時常做出錯誤的決策，但由此獲得的自信等種種良好品質，足以彌補錯誤決策所可能帶來的損失。

犯有此種弱點的人，從來不會成功。這種性格上的弱點，可以敗壞一個人的自信心，也可以破壞他的判斷力，並大大有害於他的全部精神能力。

如果沒有果斷決策的能力，我們人生的一葉孤舟，會永遠漂流在狂風暴雨的

汪洋大海裏，永遠達不到成大事的目的地。

二、養成決斷習慣的良策

如果你有優柔寡斷的毛病，那麼你需要常常提醒自己做事敏捷、決策果斷，才可以補救猶豫不決的缺陷。一個人要想成大事，最忌諱的就是沒有決斷、終日無所事事。要知道，決斷能控制行動，只要敢於決斷，你便可以創造出促使自己成就某事、獲得某事的欲望。

當你抽出一段時間從事決斷時，不要以為你是在浪費時間。如果把你的時間的1%用於決斷，你達到目標的速度將會是驚人的。

怎樣才能時時做到果斷呢？一個成功的人是一個具備敢於決斷能力的人，做不到這一點，就會喪失成功的可能。

之所以這樣講，是因為決斷氣魄表現了一個人的膽識。在急速變化和激烈競爭面前，要想成功必須準確地把握時機，迅速及時地做出正確判斷和抉擇，不可優柔寡斷，錯失時機，需知機會錯過不復來。任何決斷都是有風險的，重大的決斷就會有重大的風險，一個想成功的人應不為風險所嚇倒，如果瞻前顧後，畏首畏尾，必將「終生蹭蹬，一事無成」。

面對可能出現的風險，要求人們必須具備應變才能。應變才能可以使成大事

者在突然的變故面前轉危為安，若缺乏這種才能，就可能從此一蹶不振。

如果你有優柔寡斷的毛病，那麼你需要常常提醒自己養成做事敏捷、決策果斷的習慣，才可以補救猶豫不決的缺陷。

美國百萬富翁艾倫．福特在談到他的經營歷程時，曾說道：「成大事者必須相信：自己的命運要自己來決斷，有了決斷就必須馬上開始付諸行動，只要你決定做什麼事，就一定要有無論怎樣都必須去完成的精神。」

如何將模糊微弱的願望轉變成清晰強烈的欲望是相當深奧的一種學問。若當真渴望成功，心中便會萌生一種力量驅使自己向前推進。

一個人要想成功，最忌諱的就是沒有決斷，要知道，決斷能控制行動，只要敢於決斷，你便可以創造出促使自己成就某事、獲得某事的欲望。

你的一天有一千四百四十分鐘，將這個時間的1％，僅僅十四分鐘用於決斷，並養成習慣，你就會驚奇地發現：無論任何時候，洗滌碗碟時、騎自行車時或洗澡時，你都可獲得建設性的主意。

當你抽出一段時間從事決斷時，不要以為你是在浪費時間。如果把你的時間的1％用於決斷，你達到目標的速度將會是驚人的。

三 不要被他人的意見所左右

許多失敗者皆有「易受別人意見左右」的共同弱點，上自報紙的記事下至街談巷議、道聽途說，都會影響他們。

所謂「意見」可說是社會上最廉價的貨品，任何人都可以免費擁有堆積如山的「不負責任的意見」。如果受惑於他人意見，自己不能果敢決斷，則做任何事都不可能成功，至於致富就更難了。容易被別人的意見動搖的人，就是沒有熱切願望的人。

所以你該順從自己的決斷，不應受到他人的左右。因此，在選擇合作者時，必須徵求徹底瞭解你而且能全面支持你的人。

親友之中，不乏雖無惡意但持半開玩笑的「意見」阻撓你的人，這些人雖無惡意，但卻是無知的，同時也容易阻礙你的信念，因此而毀了前程的人不知有多少。你自己擁有頭腦和智慧，大可根據它們下決斷，如果決斷之前須蒐集更多的資料或事實加以幫助，那麼也應以取其精華為前提。

如果你想掌握絕對的決斷力，首先閉緊你自己的嘴，其次睜大眼睛，豎起雙耳，多舌是無能的表現，說的比聽的多，那麼不但無法獲得別人的情報，甚至把自己的新構想洩漏出去，此乃言多必失的明證。

在成功人士面前說話的，不是卓絕的學問家就是天字第一號大傻瓜。由其

「保留的態度和沈默」可以判定其智愚，在你的周圍到處都是尋找機會的人，一不小心洩漏計劃，就有被捷足先登的危機。套句老話「沈默是金」，還是不要「班門弄斧」為好。

為提醒自己，不妨把下面這句話貼在醒目的地方：

「說出你的計劃可以，但那是在你付諸實現以後。」

第七課：團結合作的習慣

» 成功的人大多數都有與人合作的精神，因為他們知道個人的力量是有限的，只有依靠大家的智慧和力量才可能辦成大事。合作能使家庭幸福，領導魅力有賴於合作，合作可加速成功，合作可以幫人度過生命險灘。

一　合作的魅力

成功的人大多數都有與人合作的精神，因為他們知道個人的力量是有限的，只有依靠大家的智慧和力量才可能辦成大事。那麼，合作有哪些魅力呢？

1合作能使家庭幸福

在家庭事務中，在夫妻關係中，在父母與子女關係中，「合作」這個詞扮演

了一個極為重要的角色。如果妻子與丈夫並肩「作戰」，就能很快地達到目標（如夢想的房子、車子等）。如果父母支持、理解子女的志願，並從行動上予以大力支持或配合，子女們成功得就快。沒有合作，就沒有幸福完滿的家庭。

沒有合作，一個家庭就不能適應急變的社會。科學家曾在試驗中發現，成群的雁隊以V字型飛行，比一隻雁單獨飛行能多飛百分之十的路程。人類也一樣，尤其我們朝夕相處的家庭，只要能跟同伴或者親人合作而不是孤立與爭鬥，那麼就會飛得更高、更遠。

2 領導者魅力有賴於合作

不會合作或不願合作的主管，不是合格的領導者，起碼不是一個好領導者。成功的領導者都深知合作的力量。成功的領導者也知道他們的「領導魅力」來自於精誠合作。

卡內基的成功就是團結了他周圍一些比他能力強的人。他能與他們很好地合作，而不是嫉妒、打擊與排斥。這種合作不僅給卡內基帶來巨大的財富，也使他的合作者們成為富豪。

合作是一種團體互助精神。領導者可經由不同的方式獲得這種精神。有人使用強迫的方式，有人使用說服的方式，有人則使用懲罰或獎賞的手段。

偉大的領導者與人合作的方式是用他獨特的思想吸引其他人的思想。拿破

崙．波拿巴曾用磁鐵般的思想，吸引了他所接觸過的所有人的思想，使他手下的士兵義無反顧地跟隨他南征北戰。他因此成為最有魅力的領導者。

3合作可加速成功

「幫助別人往上爬的人會爬得更高。」

這句格言的意思是合作可以加速你的成功。如果沒有其他人的協助與合作，任何人都無法取得持久性的成功。當兩個或兩個以上的人在任何方面聯合起來，建立在和諧與諒解的精神基礎上之後，這一聯盟中的每一個人將因此倍增他們自己的成就能力。

領導者與員工之間保持完美的合作精神，可以使企業生機盎然；領導者與員工之間保持完美的合作精神，可以做到上下一致，加速成功。因缺乏合作精神而失敗的企業要比因其他原因而倒閉的企業多得多。

4合作可以幫人度過生命險灘

人生處處佈滿險灘。人稍不留意，就會沈沒到危險之中。許多人由於盲目的自我意識，或是自大，從而錯估自己，認為自己天下第一，不屑於與他人合作，做任何事都是我行我素。在家裏，不跟自己的父母、妻子、兒女商量；在公司，不跟自己的同事、上司商量。這類人遲早有一天會懊悔地喊一聲：我怎麼會棄絕與他人合作呢？

和平、和諧的合作，可以激發生命中的潛能。在集體中的合作，可以增強你的自信心，提高你的處世能力，消除你的消極心態，使你能正確地面對人生。因為人是文明的人，有情感的人，一個人離開合作將一事無成。

即使一個人跑到荒郊野外去隱居，遠離各種人類文明，然而，他依然需要合作：依賴他本身以外的力量生存下去。

「一個人越是成為文明的一部分，越是需要依賴合作性的努力。」

雙贏勝於單贏

有這麼一則寓言故事：

一隻獅子和一隻狼同時發現一隻小鹿，於是商量好共同追捕那隻小鹿。牠們合作良好，當野狼把小鹿撲倒後，獅子便上前一口把小鹿咬死。但這時獅子起了貪心，不想和野狼平分這隻小鹿，於是想把野狼也咬死，可是野狼拚命抵抗，後來狼雖然被獅子咬死，但獅子也身受重傷，無法享受美味了。

試想一下，如果獅子不如此貪心，而與野狼共吃那隻小鹿，豈不就皆大歡喜了嗎？

這個故事講述的道理就是人們常說的「你死我活」或「你活我死」的遊戲規則！

我們說，人生猶如戰場，但畢竟不是戰場。戰場上敵對雙方中的一方不消滅對方就會被對方消滅。而人生賽場不一定如此，為什麼非得爭個魚死網破，兩敗俱傷呢？

大自然中弱肉強食的現象較為普遍，這是出於他們生存的需要。但人類社會與動物界不同，個人和個人之間，團體和個體之間的依存關係相當緊密，除了戰爭之外，任何「你死我活」或「你活我死」都是不利的。

當你在社會上行走時，建議你也採用「雙贏」的競爭策略，這倒不是看輕你的實力，而是為了現實的需要，如前面所說，任何「單贏」的策略對你都是不利的，因為它必然會有這樣的結果：

除非對手是個軟弱角色，否則你在與對方進行爭鬥的過程當中，必然會付出很大的心力和成本，而當你打倒對方獲得勝利時，你大概也已心力交瘁了，甚至所得還不足以償付你的損失。

在人類社會裏，你不可能將對方絕對毀滅，因此你的「單贏」策略將引起對方的憤恨，成為你潛在的危機，從此陷入冤冤相報的循環裏。

在進行爭鬥的過程當中，也有可能發生意外的情況，而這會影響本是強者的你，使你反勝為敗！

所以無論從什麼角度來看，那種「你死我活」的爭鬥在實質利益、長遠利益

上來看都是不利的，因此你應該活用「雙贏」的策略，彼此相依相存。

在人際關係上，注重彼此和諧與互助合作，面對利益時與其獨吞，不如共用。在商業利益上，講求「有錢大家賺」，這次你賺，下次他人賺，這回他多賺，下回你多賺。何必如此貪心？

總而言之，「雙贏」是一種良性的競爭，更適合於現代社會的相互競爭。不過，人在自己處於絕對優勢時常會忘記前面那則寓言所描述的狀況，其最終的結果也必然是贏得悽慘。這種贏又有何意義？

三 合作的三大技巧

合作的技巧問題很重要。美國著名人際關係專家彭特斯在《合作的六大習慣》一書中說：「合作的可能性只有一條：站在同一立場上。」這句話該怎樣理解呢？

現實社會中，有的人「人緣」好，人們都願意與他合作；而有的人正好相反。其實這不是「人緣」的問題，而是由合作中對合作技巧的掌握是否熟練所造成的，也是一個人是否擁有良好的合作習慣的體現。

合作也有技巧，技巧首先是從自身開始的。

舉個例子：

帕諾是一位立志成事的青年人。他在獲知這項真理之前，損失了不少賺錢機會。他是精裝圖書行銷商，主要從事美術設計圖書的推銷。每個禮拜，他都要去拜訪首都的幾位著名的美術家。這些人從來不拒絕見他，但也從來不買他的書籍。他們總是很仔細地翻看他帶去的圖書，然後告訴他：「很遺憾，我不能買這些圖書。」

經過多次失敗，帕諾感到有些奇怪。於是他就去和一位學習心理學與人際關係學的朋友聊天兒。這位朋友仔細問了他推銷的經過後對他說：「你把他們給嚇到了，所以他們不敢買。」

帕諾應該是個很敬業的年輕人，他原來就有較為不錯的美術功底，但他說話缺少技巧。每次推銷時，他都是很熱情地告訴對方：「這一部畫冊你一定沒有見過，它是一本最……圖書。」朋友告訴他：「你不妨把書送上門，讓他們自己去品評。」

帕諾自己也省悟到過去的方法有些不妥。於是他又帶著幾本畫冊經朋友介紹，去了一位新客戶家中。到了那裏後，他並不忙著推銷書籍，而是左顧右盼，用心欣賞這位美術家朋友的美術作品。對一些不懂的地方，他總是及時提出來請教這位美術家。

這位美術家產生了興致，不知不覺中，兩人已經聊了兩個多小時。最後，

帕諾請教這位美術家道：「以您這麼多年的美術設計經驗，你能否幫我看一下這幾本書，看看它們中到底哪一本更實用，更權威。」

因為時間不多了，兩人約定第二天再見面。第二天，帕諾再去取書時，這位美術家已經認認真真地打了一份評價意見。字數不多，但是很中肯。帕諾謝過了這位美術家，這位美術家主動告訴帕諾：「我自己想訂購幾本這種畫冊。另外，我和我幾個朋友都聯繫了一下，他們也願意看一看。」

帕諾聽了表示感謝，並在這位美術家的引見下，一下子又推銷出了好幾套大型畫冊。

帕諾後來說：「以前我只忙著介紹圖書，總認為他們沒見過的就一定是他們需要的。現在我才明白，如果虛心請教他們，他們會覺得你是把他們當專家來看待。他們覺得這些圖書是透過他們自己的眼光鑒別出來的。用不著我去向他們推銷，他們自己會買。」

合作的技巧其實很簡單，就看你是否願意掌握它，如果總覺得自己如何了不起，而不去考慮別人的感受，是不會受到別人歡迎和喜歡的，當然就不會有「人緣」。

所以，掌握基本的溝通與合作技巧是每個人應該學習的一種意識。

四 培養合作能力的六個要素

為了與他人合作，你需要培養以下幾個方面的能力：

1 積極參與的能力

在團體活動中，如果你喜歡讓別人出頭露面，而自己卻靜靜地坐在那裏，做一個感興趣的旁觀者。

結果是，你無法培養自己的社交能力，贏得團體中其他成員對你的尊重，無法對團體的決定施加影響。既然你同樣對團體的最終決策負有責任，無論你態度積極或保持沈默，你都可以貢獻你的聰明才智。

2 具備有效討論的能力

參與團體的討論需要與一對一的討論相似的技能，只不過前者需要你應對更多的參與者。你可以透過以下幾點來增強自己的有效討論的能力。

3 尊敬團體的每一位成員

這是保證合作成功的基本準則。雖然你可能確信你比其他的參加者更有知識，但重要的是，你要讓他人充分地表達自己的觀點，而不要隨意打斷或表現出不耐煩，做到這一點對於團體正常地發揮功能是很有必要的。也許在某些場合，其他成員不同意你的分析或結論，即使你確信你是正確的，當發生這種情況時，你需要做出必要的妥協和讓步。

4鼓勵他人提出多樣化的觀點

除了提出你自己的觀點外，你還應該鼓勵其他成員也提出他們的觀點。當他人提出自己的觀點時，要做出積極的和建議性的反應。

5客觀地評價觀點

當團體對其成員提出的觀點進行評價時，應該採用批判思考的態度對它們進行評價，讓團體的成員意識到評價的對象是觀點，而不是提出觀點的人。

最常見的一種錯誤思考是，有的成員僅從個人的愛好或偏見出發，不是對人們提出的觀點進行評價，而是把矛頭指向個人。對有挑戰性的觀點應該做出這樣的回答：「我不同意你的看法，原因是……」而不應該說「你真無知」。只有如此，才能進行良好的溝通，而不會惡語傷人。

6分析團體中各要素之間的關係

團體是由處於複雜的和充滿活力的關係之中的個體構成的。就如在一場球賽中，「沒有號碼牌，你就無法分辨運動員」一樣，一個團體要有效地發揮作用，也需要你識別出誰是「運動員」，他們彼此關係的性質，以及決策權是如何分配的。

在一個你不熟悉的新團隊中，弄清這些情況是特別重要的，它可以為你提供一個你在其中能說話和回答的「思考環境」。

第五卷　說話的藝術

第一課：端正態度

第二課：懂得技巧

第三課：善用肢體語言

第四課：懂得累積知識

第五課：風趣幽默

第六課：注意語氣

第七課：因人而異

第五卷 說話的藝術

》有些大人物曾經說，他們對於善聽者比之於健談者更為滿意。所以，在交談中學會傾聽也是很重要的。

第一課：端正態度

一 傾聽——最有效的說話手段

成功的人大都是學會了怎樣去傾聽別人的講話的人。如果我們看一看那些成功者的自傳，或聽一聽與這些成功者關係很密切的人所記述的內容，一定會覺察到他們是怎樣讓別人說話和怎樣靜聽別人說話的。

有許多去拜訪大人物的年輕人，常常不懂得他為什麼不能使對方得到良好的印象。他們常常被那些大人物認為是很疏忽的人。他們都不注意傾聽被拜訪人的談話，只是專心一意地在思索自己下一句將說些什麼話，而不豎起耳朵來仔細聽對方的話。有些大人物曾經說，他們對於善聽者比之於健談者更為滿意。所以，在交談中學會傾聽也是很重要的。

總之，如果你想在交談中處於主動的一方，就要讓對方說話，更要注意聽對

方說話。這不僅是一種得人敬仰的簡易方法，而且還是一種引起別人說話的有效妙策。

記憶對方所說的話時要注意記憶整體而非一些枝微末節。一般而言，相互間沒有任何關聯的零星瑣事未經熟悉必難以記憶。避免感情用事。人們常會在無意間說出傷害別人的話而毫不自知。受傷害的對方心裏產生疙瘩時，必然會想轉移話題，並自動與傷害他的人保持距離，無論對方說得再動聽他也聽不進去。

如果你善於察顏觀色，一定能發現對方這種感情上的轉變。此時，你就必須特別注意自己的言行是否有所疏漏，然後趕緊想辦法補救。

話要聽完全。與人交談時，若有不贊同的地方，也不可正面加以反駁。至少，在反駁之前，應先讓對方把話說完。此時，適當克制自己的情緒是有必要的，假若你在一開始時就準備好隨時給予反駁，則對方的話就可能一句都聽不進去。

避免精神渙散。注意聆聽對方說話時，最好能摒除一切外界的干擾。所以，你應設法使談話空間保持清靜，譬如：關好門窗，切斷電話等等，以便能在不受干擾的情況下全心全意地聽對方說話。

當個積極的聽眾。用心聆聽，注意對方的表情，並且有所反應。如果我們把注意力放在此時此刻的對方身上，無形中也增加了自己記住談話內容的機會。如此「溝通」就不再是件苦差事，反而能令你樂在其中了。說話的藝術也許已不為

人所重視，但只要我們多做準備、多花點巧思，一定能讓這門藝術重新獲得大家的肯定。

二 把握好說話的分寸

無論在什麼場合，人們都要注意說話的分量，說話一定要適度，要有分寸，不能不到位，也不能太過。

說話不到位容易使人產生歧義和誤解，影響說話的水平和效果。語言的分寸主要由詞意和態度來決定。詞意是指語言的本意，態度是指表達時所持的表情和情緒。分寸是衡量語言分量的尺度。我們通常說講話要注意分寸，主要從兩個方面理解。

1是注意詞意上的差別。

尤其是同義詞、近義詞之間的細微差別。這就要求遣詞造句要字斟句酌，確切地表情達意，恰如其分地反映客觀事物。說一個人工作能力時，用很強、較強、強、一般、可以等詞來表達，其程度和分寸是不同的，使用時要斟酌。在說一個人工作中取得成績時，用成績、成果、成就來表述，其分量和程度也不一樣，要根據不同情況來使用，不能亂用。

2是注意態度和語調的恰到好處。

這種分寸也會影響到分量、態度和語調的變化，有時會更直接、更明確地反映語言的份量。和風細雨與聲色俱厲其分量和效果有很大差別。我們批評人，是為了辨析問題，釐清責任，分析原因，達到教育人的目的。

3 說話誠摯自然，說話才有效果

我們還應記住：誠摯自然的聲音是最有效的聲音。聲音作為交談的最重要的手段之一，無時無刻不在表現著自己。如果一個人在交談中說得太快，可能會給聽眾留下一種毛躁、不穩重的印象。你是否講得太慢？如果是，可能會給聽眾一種你對自己所講的話語缺乏把握的印象。

你是否含糊其辭？含糊其辭是一種缺乏安全感的明確標誌。如果你用一種牢騷的語調說話，這說明你有自我放任的跡象，同時也是你不成熟的標誌。如果你的聲音太高而又刺耳，這說明你有神經質的一面。如果你用一種專橫的聲音說話，這意味著你是固執己見的。如果你用一種做作的聲音說話，這是一種害羞的標誌。

以上的這幾種聲音都不是最有效果的聲音。最有效果的聲音是誠摯自然的，飽含著信心與精力，還隱含著一種輕鬆。不難發現，我們周圍好多人就是因為這種誠摯自然的說話聲音而使我們喜歡他們，他們帶給我們一種明快的感覺。

你若想在談話時給對方以明朗、暢快的感受，就必須注意做到不去斤斤計較各種小節，不過分注意自我，尊重別人的意見，相信別人，你就能廣交朋友，從中獲得教益。長期下去，你的性格也會逐漸轉向熱情、開朗。

此外，說話時的「停頓」也是一種需要掌握好的技巧。有意識的停頓不僅使講話層次分明，還能突出重點，吸引聽話人的注意力；適當的停頓，能夠使聽的人明白你所講的內容分為幾個段落，前後互相照應。

只有條理清楚的講話，才具有說服力，表現出很強的邏輯性，使別人佩服你的口才。如果不懂得適時地停頓，滔滔不絕地一直講下去，會使人有急促感，對於你的講話也就「不知所云」。

那麼什麼時候停頓最恰當呢？當我們轉換語言、承上啟下，或提示重點、總結中心思想的時候停頓是最恰當的停頓時機；而停頓的時間應按具體情況處理，短則兩三秒鐘，長不超過十秒為宜。

說到這裏，大家還應明白說話聲音太小會給人不開朗的感覺，我們說話時一定要記得說得大聲些。

有人說，開會時誰的聲音最大誰就是勝利者，的確，用很大的聲音說話，會讓人聽得較為清楚，當然留下的印象就會深刻。通常每當我們對自己交談的內容沒有信心，或者身體不太舒服時，往往不會刻意地大聲說話。

從一開始就小聲說話，會給人軟弱的印象，有時甚至會讓人產生不想再聽下去的念頭！因此說話大聲點，不但可以讓別人重視我們，同時也具有提高自己信心的作用。

第二課：懂得技巧

» 渴望讚美是每一個人內心中的一種基本願望。所以，當我們生活在社會當中，要想在善意和諧的氣氛中做一些事情，就應該去尋找別人的價值，並設法告訴他，讓他覺得他的價值實在值得珍惜，從而創造出一個嶄新的自己，這樣我們便等於扮演了鼓勵他、幫助他的角色。這就是讚美的意義所在。

一　真誠讚美　獲得好感

美國著名心理學家威廉．詹姆士說：「人類本性中最深的企圖之一是期望被讚美、欽佩、尊重。」渴望讚美是每一個人內心中的一種基本願望。

所以，當我們生活在社會當中，要想在善意和諧的氣氛中做一些事情，就應該去尋找別人的價值，並設法告訴他，讓他覺得他的價值實在值得珍惜，從而創造出一個嶄新的自己，這樣我們便等於扮演了鼓勵他、幫助他的角色。這就是讚美的意義所在。

在現代社會的人際交往中，讚揚他人已成為說話的學問，能否掌握和運用這門學問，使之符合時代的要求，這是衡量現代人的素質的一個標準，也是衡量一個人交際水平高低的標誌之一。

讚揚雖不是包治百病的靈丹妙藥，但往往對人產生深刻的影響，有的讚揚甚至能改變人的一生。英國大文豪狄更斯年輕時潦倒不堪，寫的稿子不斷被退稿。有一天，一名編輯承認了他的價值，寫信誇獎了他。這個讚揚改變了狄更斯的一生，從此世界上多了一名偉大的文學家。

讚美是一件好事情，但並不是一件簡單的事。若在讚美別人時，不審時度勢，不掌握一定的技巧，即使是真誠的讚美，也會使好事變為壞事。

制約讚美的因素有兩方面：一是讚美者本人，他的讚美是否是發自內心的，真誠的，因為虛假的讚美是注定要失敗的。二是被讚美者，他所得到的讚美是否是他所期望的、合乎情理的讚美。如果被讚美者所得到的讚美是不合情理或不是他所期望的，那麼這個讚美也是失敗的。因此，在使用讚美的時候，有幾個方面需要注意：

1 實事求是、措詞適當。

當你的讚美沒說出口時，先要衡量一下，這種讚美有沒有事實根據，對方聽了是否相信，第三者聽了是否不以為然，一旦出現異議，你有無足夠的證據來證明自己的讚美是站得住腳跟的。所以，讚美只能在事實基礎上進行，不要浮誇。

措詞也要適當，一位母親讚美孩子：「你是一個好孩子，有了你，我感到很欣慰。」這種話就很有分寸，不會使孩子驕傲。但如果這位母親說：「你真是一個天才，在我看到的小孩中，沒有一個人趕得上你，」那就會使孩子驕傲，把孩子引入歧途。

2讚美要具體、深入、細緻。

抽象的東西往往很難確定它的範圍，難以給人留下深刻印象；而美的東西應該是看得見、摸得著的，這就是具體。如要稱讚某人是個信守承諾的人，可以說「老王有一點非常難得，就是無論給他多少貨，只要他肯接，就絕不會延期」。所謂深入、細緻就是在讚美別人的時候，要挖掘對方不大顯著的、處在萌芽狀態的優點。因為這樣更能發掘對方的潛質，增加對方的價值感。讚美所起的作用會更大。

3借用第三者的口吻讚美他人。

有時，我們為了博得他人的好感，往往會讚美對方一番。若由自己說出：「你看來還那麼年輕」這類的話，不免有點恭維、奉承之嫌。如果換個方法來說：「你真是漂亮，難怪某某一直說你看上去總是那麼年輕！」可想而知，對方必然會很高興，而且沒有阿諛之嫌。

因為在一般人的觀念中，總認為「第三者」所說的話是比較公正、實在的。因此，以「第三者」的口吻來讚美，更能得到對方的好感和信任。

也可以在背後讚美對方，如果當面讚揚一個人，有時反而會使他感到虛假，或者會疑心你不是誠心的。一般來說，間接的讚揚無論是在大眾場合或在個別場合，都能傳到本人耳中，這樣做不僅能達到讚揚的目的，還能使對方感到你對他的讚揚是真誠的。

4 讚揚需熱情。

有的時候，我們稱讚別人會讓人覺得我們不夠熱情、漫不經心。如：「你這篇文章寫得滿好的。」「你這件衣服很好看。」「你的歌唱得不錯。」這種缺乏熱誠的空洞的稱讚並不能使對方感到高興，有時甚至會由於你的敷衍而引起對方的反感和不滿。

如果把以上這些話改成：「這篇文章寫得很好，特別是後面一個問題十分有新意。」「你這件衣服很好看，這種款式很適合你的年齡。」「你的歌唱得很不錯，不熟悉你的人可能還以為你是專業演員哩。」這些話比空洞的讚揚顯然更有吸引力。

5 把讚美用於鼓勵。

用讚美來鼓勵人，能增強人的自尊心。如果想讓一個人經常努力地把事情做好，首要的是激起他的自尊心。有些人因第一次做某種事情，做得不好。你應該怎樣說他呢？不管他有多大的毛病，你應該說：「第一次有這樣的成績就不錯了。」對第一次登臺、第一次比賽、第一次寫文章、第一次……的人，你這種讚揚會讓人深刻地記一輩子。

6讚美還要注意適度。

適度的讚美會令對方感到欣慰的振奮；過度的恭維、空洞的奉承，或者頻率過繁，都會令對方感到不舒服，甚至讓人感到難堪、肉麻，結果令人討厭，適得其反。

二　衷心祝賀　增進感情

祝賀是人際交往中常用的一種交談形式，一般是指對社會生活中有喜慶意義的人或事表示良好的祝福和熱烈的慶賀。透過祝賀表達對對方的理解、支持、關心、鼓勵和祝願，以抒發情懷，增進感情。

祝賀語從語言表達的形式看可以分為祝詞和賀詞兩大類。祝詞是指對尚未實現的活動、事件、功業表示良好的祝願和祝福之意；比如某重大工程開工、某會議開幕、某展覽會剪綵要致祝詞，前輩、師長過生日要致祝壽詞，參加酒宴要致祝詞等等。賀詞是指對於已經完成的事件、業績表示慶賀的祝頌；比如畢業典禮

上，校長對畢業生致賀詞，婚禮上親朋好友對新郎新娘致詞，對於同事、朋友取得重大成就或獲得榮譽、獎勵致賀詞等等。

祝賀要注意以下幾點：

1適合祝賀的場景

祝賀總是在特定的情景下進行的，因此一定要考慮到特定的環境、特定的對象、特定的目的，使之具有明確的針對性。

魯迅在散文《立論》中講到這樣一個故事：一戶人家生了個男孩，全家十分高興。滿月的時候，抱出來給客人們看，自然是想得到一點好兆頭。客人們紛紛祝賀。一個說，這孩子將來會發大財的；一個說，這孩子是要做大官的。他們都得到了好報。只有一個人說：「孩子將來是要死的。」，雖然他說的是必然，但還是遭到一頓痛打。從口才的角度看，他不顧當時的特定情景，講了一些不合時宜的話，遭到大家的痛毆是不難想像的。

2祝賀的話要簡潔，有概括性

祝賀詞可以事先作些準備，但多數是針對現場實際，有感而發，講完即止，切忌旁徵博引，東拉西扯。語言要明快熱情、簡潔有力，才能產生強烈的感染力。

有些祝詞、賀詞要進行由此及彼的聯想，因景生情的發揮，但必須緊扣中心，點到為止，給聽眾留下咀嚼回味的餘地。3祝賀要注重禮節

在喜慶場合發表祝賀詞，要格外注意禮節。一般需站立發言，稱呼要恰當。不要看稿子，雙目根據講話內容時而注目於祝賀對象，時而含笑掃視其他聽眾。要和聽者做有感情的交流。還可以用鼓掌致敬等行為動作加強同聽眾心靈的溝通，以增強表達效果。

第三課：善用肢體語言

》一位心理學家曾指出：無聲語言所顯示的意義要比有聲語言多得多，而且深刻。他還對此列出了一個公式：資訊的傳遞＝7％言語、38％語音、55％表情。

一 肢體語言的重要性

雖然人們是用語言交談，用語言傳播資訊，但語言並不是說話的全部。無論是說話者還是聽話者，資訊的準確傳播和接受，都還得借助雙方的表情、姿態、動作等肢體語言。

一位心理學家曾指出：無聲語言所顯示的意義要比有聲語言多得多，而且深刻。他還對此列出了一個公式：

資訊的傳遞＝7％言語、38％語音、55％表情。

是的，一個真正會說話的人，不僅會用嘴說，還會運用表情和肢體語言。事實上，肢體語言本來就是人們用來傳情達意的一種重要方式，有時透過眼神、表情、手勢或姿態等，就能把自己的心意傳達給對方。**美國的語言專家透過研究得出結論：人的感覺印象中，有77%來自於眼睛，14%來自於耳朵，9%來自於其他感官。因此，當我們與人交往時，必須十分注意自己的言談舉止和表情是否已被對方接受。**

有的人一開口就滔滔不絕，但別人卻不愛聽、聽不懂，或者根本不想聽。究其原因，問題很可能就出在他的神態舉止上。

一 肢體語言的作用

人們在說話時，除了運用自然有聲語言之外，還需要藉助面部表情、手勢動作、身體姿態等非語言的手段來幫助和加強表達。人們習慣於將表情、手勢、體姿這些輔助表意手段總稱為肢體語言。

當然，要完成表情達意、傳遞資訊的任務，應以自然有聲語言為主，肢體語言只具強調、補充、修飾和渲染的作用。但在某種特殊情況下，肢體語言不但可以單獨使用，甚至還可以表達出自然有聲語言難以表達的思想感情，直接代替自然有聲語言。

肢體語言是流動性的形體動作，是一種伴隨著自然有聲語言為實現其交際功能的輔助性無聲語言，肢體語言不同於人們平日的一般動作，一般動作是人人都有的常態，只是全身或軀體某一部分的功能性活動，既無表意功能，又不傳遞資訊，故不屬於肢體語言的範疇。

據現代生理學和心理學研究結果表明，人從視覺管道獲得的外部世界的資訊約佔總信息量的80％。人的大腦分成左右兩個半球，左腦控制右側肌體的感覺和運動，具有邏輯思維功能，專門接收有聲語言的資訊，即邏輯資訊；右腦控制左側肌體的感覺和運動，具有形象思維功能，專門接收非有聲語言的資訊，即形象資訊。

人在交談過程中，聽覺側重接收有聲語言的資訊，視覺側重接收肢體語言的資訊。如果大腦兩半球和聽、視覺分工合作，相互配合，就能更好地傳輸與理解發出和接收到的資訊，包括感情因素在內。

肢體語言的出現比自然有聲語言要早得多。可以說，有了人類，也就有了肢體語言。在很長一段時間裏它曾是人類主要的交談工具，只是在人類產生了有聲語言和文字之後，它才降到了輔助的地位。然而，人們對肢體語言進行全面、系統的科學研究，還是二十世紀七〇年代以後的事情。

近三十餘年來，西方一些人類學家、語言學家、心理學家、社會學家、行為

學家對人類體態語言的潛心研究，取得了豐碩的成果，從而使人們認識到肢體語言也是表義的符號體系，它在人類交談中有著不可取消和替代的地位。作為一種資訊載體，我們絕不可低估和忽視肢體語言的作用。肢體語言主要有以下一些特點：

1第一個特點：使用的廣泛性

肢體語言的使用簡便快捷、靈活自由。只要人們張口說話，都會有意或無意地運用肢體語言來傳情達意，交流資訊。有時肢體語言甚至先於自然有聲語言在接受者的心目中形成第一視覺形象，直接影響自然有聲語言的表達效果；有時說話人在不開口的情況下，單純運用肢體語言，也能傳達一定的資訊。

2第二個特點：表達的直觀性

有聲語言直接訴諸於人的聽覺器官，不具有視覺的形象可感性；而肢體語言則不同，它以靈活多變的表情、動作、體姿構成一定的人體圖像來表情達意，交流資訊，直接訴諸於人的視覺器官，具有形象直觀的特點。

3第三個特點：交談中的對應性

肢體語言不但要與有聲語言諧調配合，而且交談雙方要諧調配合，雙向交流，才能達到交談的目的。美國著名人類學家霍爾曾指出這種人類交際的常見現象：一個人傾聽別人說話時，總會望著對方的臉，尤其是他的眼睛；為了表示注意，聽話者會輕輕地點頭，或者說「嗯」、「是的」；如果哪句話他深表贊同，點頭就點得很深；如果感到懷疑，他就會揚起或皺起眉頭來，或者嘴角向下撇；要是不想再聽下去，就會將身子挪一挪，把腿伸一伸，或者移開視線，不再注視說話人等等。

4第四個特點：對有聲語言的依賴性

肢體語言對有聲語言和具體言語環境的依存性決定了它表意的多義性。離開了自然有聲語言，離開了一定的言語環境，肢體語言在當時特定的涵義就不明確，就難於辨析和領會。配合自然有聲語言，有目的地運用肢體語言，具體要求是：雅觀自然、準確得體、因人制宜、因地制宜、整體諧調、簡約精練。

美國著名人類學家霍爾說過：「一個成功的交談者不但需要理解他人的有聲語言，更重要的是能夠觀察他人的無聲信號，並且能在不同場合正確使用這種信號。」

高水準的口才實踐成功之處就在於將有聲語言和肢體語言配合得非常默契，將它們有效地協調起來。

三 透過你的身體全方位表態

有研究證實，我們跟別人見面交談時，在七秒鐘內就能對這個人做出評估。

這種交流無需透過語言。

在這最初的七秒鐘內，每個人都會自覺或不自覺地用眼睛、面孔、身體和態度來表達自己的真正感覺，這就是肢體語言。

愈來愈多的論述說明了肢體語言的重要性，它被人稱為第二語言。有人說，若是人面對面交談的時候抬著腿，表示他在說謊，若是叉著手，表示他很不自在。肢體語言和口頭語言是一樣的，都是談話和溝通的一部分。

若以這樣的觀點來看，自然的肢體語言絕對是非常有效的溝通方式，但若是做出做作的行為舉止，別人就毫無疑問地認為你這個人是虛偽的。

所以，在一定意義上可以說，肢體語言是人們進行有效溝通的關鍵。那麼，如何才能用自己的身體、行為舉止最好地表現自己的交流目的呢？

握手是一種肢體語言，一個人的身體語言反映一個人的感覺，而恰到好處地用力握手對交談也非常重要。握手的方式往往在不知不覺間向別人透露了不少你自身的秘密。

柔軟、抹布型的握手者缺乏自信。許多人為了掩飾自己的缺點，握手的時候故意過分用力和顯出傲慢的態度，其實是虛張聲勢。擠壓式的握手方法，則是為了補償其信心的缺乏。這種人的一舉一動過分極端，以致無法讓人相信他是一個真正有信心的人。

安穩而不過分地用力的握手，把對方的手適度地握緊，則是表示：「我是生氣勃勃，穩紮穩打的。」這才是代表著自信的握手方式。同時，與初次見面的人談話時，若蹺起二郎腿，會給對方留下壞印象。

在傳統習慣中，與身分地位比自己高的人見面時，為了表示敬意，必須挺直腰坐得端端正正。所以，就算說話畢恭畢敬，若表現出一副什麼都無所謂的態度，你也不會給別人留下好印象。

四 目光是一種肢體語言

握手是肢體語言的一種，然而不管和對方是輕輕相握還是緊緊相握，眼睛卻決定著握手的性質。也就是說，目光更能表達出你交談的意圖。

試想這樣的場面，你伸出手，和對方親密地握在一起，目光卻盯著別處，對方一定會認為你毫無誠意。如果你的眼睛從對方的頭頂射過去，那就更為不妙，會讓人理解為你清高或傲慢。

要是你握手時目光落在腳面上，那麼，對方一定會糊塗，弄不清楚你在想什麼，因此，當我們開口交談之前，務必要使你的眼睛密切地注視著對方的眼睛和臉。

若希望能和人成功地談話，千萬別忽略和談話對象的目光接觸。保持良好的

目光接觸，不僅僅是在你說話時，而且在聆聽的時候也要這麼做。若你真的專注於聆聽對方說的話，就看著對方的臉。

如果非常專心地聽，自然而然便能做出合宜的肢體語言，也許你會點頭，以表示你對所談的主題或是說話的這個人有興趣，或者你的頭會輕微地左右搖晃，表達你對對方講的話很有同感或是不可置信。

總之，目光和藹真摯地投射，充分地讓對方感到你的尊重、寬容和有教養。

微笑是一種肢體語言，人們常讚美蒙娜麗莎的微笑，說她具有永恒的魅力。那麼，她的魅力究竟在哪兒？豐滿的前胸，圓潤的下巴，飄逸的頭髮，還是一再被稱道的嘴？其實，蒙娜麗莎微笑的魅力，關鍵在於那雙似喜非喜、似憂非憂的一雙眼睛。那裏流露出來的是人類普遍追求的親切感，讓人感到愉悅。

蒙娜麗莎畢竟只是一張畫。她永遠不會開口，誰也不能知道她會說些什麼。然而，她的微笑、她的眼神和表情卻一直在不停地「說話」。

廣義而言，笑容都是美的、好的，因此即使一個天生嚴肅的人也可以透過訓練成為一個愛笑的人。

如何訓練呢？對著鏡子，試試各種笑的方法，從中選出最具魅力的笑容，反覆加以練習。但如果技巧不熟練，便不可隨便亂笑。

因為自然的笑容是有如稚童般燦爛純真的笑臉。而做作的笑容，在笑後馬上

會變成一張嚴肅的臉，這種不自然的變化，明眼人一看就知道是假笑。因此，練習微笑時，要用心揣摩，做到笑後仍有微波餘韻才行。

是的，在交談中，常帶微笑會讓人感覺到你的熱情，也會增加他人對你的好感。

五 正確運用姿體語言

姿體語言是利用人的身體姿勢變化來傳情達意的肢體語言。俗話說：「站有站相，坐有坐相」，要「坐如鐘、站如松、走如風」，「抬頭挺胸」、「站得正」、「立得直」、「坐得穩」等，即指人們平日交往時應有正確的身體姿態。體姿語言包括站姿、坐姿、步姿、蹲姿、臥姿等。其中最主要的是站姿、坐姿和步姿。

說話時，總離不開站立、坐下、移動等姿體動作。這些動作變化的樣式，都有其特定涵義，對自然有聲語言起著強化、補充和修飾作用。

日本的模川輝夫在《說話藝術》一書中認為：姿體是內心的表現形式，從姿體上我們可以瞭解一個人正在想什麼。在說話之前，先確定好身體的姿勢，說話也就有「譜」了。說話心中有「譜」，即使在陌生或不利的環境中，說話人雖提心吊膽，但外表仍能很鎮定。還有，由於身體姿勢具有實體性和直觀性的特點，能直接反映出說話者的情感狀態，因而也就更容易為交談對象所注意。

姿體還是一種心理暗示。有時話不好直說，則可用體姿來暗示對方。如在業務洽談中，開始時氣氛友好，進展順利，但後來對方突然提出苛刻條件，你根本無法接受，而對方喋喋不休，軟磨硬泡，你又不想破壞已經建立起的友好關係，這時，不妨採用突然背往後靠、雙臂環抱的坐姿，暗示對方：你的耐心是有限的，原定的目標是不能改變的。

第四課：懂得累積知識

» 養成閱讀好書和研究學問的習慣，能夠擴大知識領域，增加說話題材，無形中能美化談吐，增強說話能力。

一 讀書可以長口才

為什麼你總是覺得日子平淡無奇呢？為什麼你總是覺得自己與人交談時往往詞不達意，讓人聽不明白呢？

眾所皆知，風趣詼諧、談笑風生的交談能力，無疑會為生活帶來樂趣。然而達到這一點卻很難。

我們常見有些人各方面條件皆不錯，惟獨交談能力不怎麼樣，與人交際時表現冷漠，因而被人責難。有些實業界的人士個性沈著而富有理性，可惜在業內人

中的聲譽卻很一般，評價也不是很好。造成這種惡果的根源其實很簡單，因為他們從不與人廣泛接觸，不去嘗試用有趣而富有理性的方式與人交談。

這些人之所以如此，不外乎膽怯或過於內向。當然，也不排除無知或愚昧。他們往往拘泥於固定的會話模式，使人感到單調而乏味，常被人喻為「缺乏語言功能」而不自知，因而為自己的成功設置了障礙。

怎樣才能克服這一缺點呢？

湯姆遜．愛迪生公司駐波士頓地區擔任經理的華特．希．格列夫勞曾說：「養成閱讀好書和研究學問的習慣，能夠擴大知識領域，增加說話題材，無形中能美化談吐，增強說話能力。」

因此，無論從事何種工作，只要養成閱讀和研究與本身業務有關的書籍的習慣，同樣可以豐富其話題及構思，如此一來，不但能夠增加知識量，而鍛鍊語言能力也就不在話下了。

當我們閱讀某一書報的時候，可能會激發我們的靈感，湧出許多新鮮的妙想可構成話題。倘若沒有超人的記憶力，不妨將其記錄下來，否則過不了多久就會忘記了。

如果能在心潮澎湃、文思泉湧之際將其奇思妙想記錄下來做成筆記，閒暇之時可供研究和參考，這自然是增長見識、豐富自己的好辦法。

我們每天都要與人說話，倘若能在互相幫助、截長補短的良好氣氛中與人進行有趣的探討，其功效也是很大的。因為這種討論往往能夠激發一個人在事業上的新構想。

我們都是平凡的人，我們的言行舉止均和他人息息相關。因此，唯有透過彼此的交談，才能體味出會話的樂趣。

在紐約的簡易洗衣公司中，擔任業務董事的孟德先生曾說：技巧性的談話，乃決定於是否具有希望和他人彼此能交換富有價值構想的意念，否則長篇大論的陳述，只圖自我的滿足，這是沒有用的無稽之談。

博覽群書者與那些知識有限者，在和同伴討論問題時，前者的條件顯然要較後者優厚，且更能做深入的研討。

若想提高會話能力，使自己能不斷改善人際關係，養成閱讀書籍的習慣非常有效。

透過閱讀再加以研究，在研究的過程中，肯定會發現其中蘊含著的許多有趣的觀點與哲理，從而成為日後與人交談與商討的良好基礎。

經常閱讀與自己業務有關或感興趣的書籍，不斷增長自己的知識面，經常參加公司或朋友間舉行的各種活動，再加上自己偶爾浮現的靈感與幻想，必然在口才上獲得良好的稱譽，也必然為良好的人際關係奠定基石。

學會怎樣用詞

艾略特博士在擔任哈佛大學校長三十年後宣稱：「我認為，在一位淑女或紳士的教育中，有一項必修的技能，那就是正確而優雅的使用她或他一國的語言。」這是句意義深遠的聲明。在這個世界上，即使最偉大的演說者，也要借助閱讀的靈感及得自書本的資料，來豐富自己的辭彙，擴大自己的文字儲存量。

羅賓森在他的著作《林肯的文學修養》一書中寫道：「這位自修成功的人物，用真正的文化素材把他的思想包裝起來，可以稱之為天才或才子。他的成功過程，和艾默頓教授描述文藝復興運動領導人之一的伊拉斯莫斯一樣：他已離開學校，但他以唯一的一種教育方法來教育自己，並獲得成功。這個方法就是他永不停止地研究和練習。」

如果你勤奮，逐漸地，不知不覺地你的辭彙將會開始變得美麗而優雅，慢慢地，你將開始反映出你的榮耀、美麗和高貴的氣質，並且變得有教養。

紐約的一位演說家，一向以句子結構嚴密、文詞簡潔而美麗受到稱讚。在談到他選擇正確而簡潔文字的祕訣時說，每次他在談話或閱讀當中發現不熟悉的單詞時，便立刻把它抄在備忘錄上。然後，晚上就寢之前先翻詞典，徹底弄清楚那個生詞的意思。

如果他在白天工作中蒐集到任何生詞，他就改而閱讀一頁由費納德所著的《同義詞、反義詞及介詞》，注意研究每一個詞的正確意義，以供日後當做自己的辭彙使用。

第五課：風趣幽默

》儘管人們說話時有許多實在的內容，但是如果沒有幽默，談話就像一杯白開水，沒有味道，也缺少吸引人的魅力。

一　幽默是口才的標誌之一

在生活中，誰都喜歡和那些談吐幽默、極盡風趣的人交談，而口才好的人，差不多都善用詼諧幽默的語言，他們大都具有極強的幽默感。

英國作家哈茲里特把幽默在談吐中的作用，比作是炒菜中的調味品。這一比喻十分恰當，它說明了幽默風趣在談話中是絕不可缺少的。

儘管人們說話時有許多實在的內容，但是如果沒有幽默，談話就像一杯白開水，沒有味道，也缺少吸引人的魅力。但是儘管幽默能使聽者對你說的話感興趣，卻終究並非食物，因此很少能從根本上改變聽者的態度。所以我們對幽默的作用，既不要小看，也不宜高估。

幽默能引起人們的笑容，而含笑談話往往是受人歡迎的。有人讚美笑是禮貌之花、友誼之橋。著名科學作家高士其說：「笑與美原是姐妹，笑是美的良友，笑是愛的伴侶；笑有笑的哲學，笑有笑的教育學。」由此可見，笑是神通廣大的，生活中不可缺少。

幽默的調味品的作用主要表現在以下幾個方面：

1使人精神放鬆。

一個社會不能沒有幽默。有人形象地說：「沒有幽默的語言是一篇公文，但幽默用盡的人是一尊塑像。現代社會趨向高效率、快節奏，需要大信息量，這樣必然會使人的大腦容易產生疲勞。

如果我們的生活多點笑聲，多點幽默，就會消除人們的煩躁心理，保持情緒的平衡。說話，在某種程度上，具有一定的娛樂性。它不應該讓人感到緊張、費力，而應給人一種合適輕鬆之感。幽默的談吐往往惹得人捧腹而笑，而缺少幽默的談吐會讓人感到沈悶枯燥。

2使人擺脫窘境。

幽默、風趣的言談，有時能使尷尬、難堪的場面變得輕鬆和諧，使人們立即消失拘謹或不安；有了它既活躍了氣氛，又融洽了人們的關係。

雷根就任美國總統後，第一次訪問加拿大時，他向群眾發表演說。可這時許

多舉行反美示威的人不時地打斷這位總統的話語。陪同他的加拿大總理皮埃爾·特魯多顯得很尷尬，雷根卻面帶笑容地對他說：「這種事情在美國時有發生。我想這些人一定是特意從美國來到貴國的。他們想使我有賓至如歸的感覺。」雷根用幽默、風趣的言談，使緊皺雙眉的特魯多頓時眉開眼笑了。

3講明是非，進行教育。

風趣、幽默將人的智慧和語言技巧巧妙地結合起來，揭示出事物的深刻涵義，讓人在含笑中明辨是非。它還可採用影射、諷刺的手法，巧妙地揭露對方的缺點，使人在笑聲中受到教育。

當然，風趣幽默的作用還很多，並不止是上面幾種。我們還可以用幽默去鼓勵別人，幫助他們取得更大的成就；也可以把重大的責任託付於人，減輕自己的負擔，以便你更主動、更自由地發揮你的創新精神，在事業上有所建樹。

幽默固然很重要，但畢竟不是生活的全部，也不是萬能的。運用幽默只能是為了發展和諧的人際關係，為了自己或別人。以這為出發點，在人際交往的範圍之內，幽默的力量才是大有可為的。

二成為談吐幽默者的妙方

我們生存在一個競爭越來越激烈的社會中，人們變得越來越匆忙。然而在追求效率、追求時間的同時，在人們的心中也產生了一種莫名的心理壓力，使人們感到煩悶、暴躁、憂慮、無奈……於是人們開始尋找一些能使自己減壓的技巧。

而幽默，是最好的「減壓閥」。它不僅能使人的心情變得輕鬆愉悅，還能使人們談笑風生，笑口常開。此外，幽默還有助於人們在交際中左右逢源，事業成功。不少有眼光、有見識的公司經理、董事長們，都喜歡選用那些能自我解嘲，善於創造歡樂氣氛的人。因為這些人容易取得人們信任，人們也就樂於接受他們的看法和他們的服務。

要想成為一個幽默的人，就要學會「幽默思維法」。法國大文學家巴爾扎克有一段時間窮困潦倒，以致身無分文。一天，巴爾扎克寫作寫到深夜，餓著肚子上了床。他輾轉反側，難以熟睡。正在這時，恰有一個小偷光顧。小偷翻東西的聲音吵醒了巴爾扎克。巴爾扎克對小偷說：「請你別再找了。我白天都翻不到錢，你在夜裏難道能翻到錢？」小偷聽後知趣地走了。

巴爾扎克用常人可能無法想到的表達方式，既趕走了小偷，又巧妙地說出了自己的窘境。從這一事例中足可見他的思維方法不同於尋常人。

一件很平常的或使個人懊惱的事到了幽默家的眼中，就有可能顯出滑稽可笑的成分來。而沒幽默感的人，即使很好笑的事經他嘴裏講出來也會味如嚼蠟。為什麼會出現這種不同呢？原來幽默家有他們自己的「幽默思維法」，而常人卻很

少或幾乎沒有。那麼究竟什麼是「幽默思維法」呢？我們可以觀察、分析一下那些幽默家的傑作，就可以透過做到以下幾點得以學會「幽默思維法」了。

三 淡然處世

卡爾文・柯立芝是美國第十三任總統，不太愛講話。作為一個總統，他總是要參加一些社會活動，但無論到哪兒，他都守口如瓶，一句話也不說，弄得主人們十分尷尬。

一次，一位社交界的知名女士同這位總統並肩而坐，她滔滔不絕地高談闊論，但柯立芝依然一言不發。後來，這位女士終於忍不住了，她對總統說：「總統先生，您太沈默寡言了。今天，我一定得設法讓你多說幾句話，起碼得超過兩個字。」

柯立芝幽默的咕噥道：「徒勞。」他的話最終沒有超出兩個字。

一般來講，無論哪位大人物在這樣的場合，都會口若懸河，滔滔不絕地高談闊論，但這位總統卻依然保持著自己的本色，面對這位女士的挑戰，只是僅僅說了「徒勞」兩個字。可以想像這位總統是個很隨和的人，淡然處世的人。人的幽默感也正在此處，如果是另外一個人身臨其境，他定會強烈地予以反擊的，然後自鳴得意，這樣反而令人感到缺乏新鮮感了。

四 敢拿自己開玩笑

據說馬克．吐溫和他的孿生兄弟，兩人長得一模一樣。連他們的母親也分辨不出來，一天，在他們洗澡時，其中一個不小心掉入浴缸淹死了，沒有人知道淹死的究竟是雙胞胎中的哪一個。

「最叫人傷心的就在這裏，每個人都以為我是那活下來的人，其實不是。活下來的是我弟弟，那個淹死的人是我。」馬克．吐溫說。

乍看起來，這位世界級的幽默大師似乎有點荒唐，在故弄玄虛，其實不然，這裏用的可是「道地」的幽默思維法。這位活生生的大作家，竟如此正經地否認自己的存在，他的話語越灑脫，與現實越強烈地互為矛盾，這自然而然地使人們感到十分滑稽可笑。

馬克．吐溫以他的辛辣的諷刺享譽世界文壇，類似的「否認現實」的幽默例子是很多的，這裏再舉一例：有一年的「愚人節」，馬克．吐溫遭到了別人的愚弄，紐約的一家報紙刊登了他「逝世」的消息。

消息迅速傳開，前來悼念的親朋好友絡繹不絕。這時，有人為他打抱不平，譴責那家報紙。然而馬克．吐溫卻風趣地說：「報紙報導我死了，這是千真萬確的，只不過是日期提前一些罷了。」

五 保持童心

幾乎所有的幽默家都會做出一些怪誕滑稽的事，這正是幽默思維壓倒了常規思維而造成的結果，假如成人像小孩子那樣進行思維的話，就會產生強烈的幽默效果，讓人忍俊不禁。

比爾是一家大公司的職員，他經常在辦公時間出去理髮，儘管他也知道這樣做是違反公司規定的。

一天，當比爾又在辦公時間出去理髮時，公司的經理正巧也來理髮，比爾無法躲開了。

經理說：「你好，比爾，我看見你在辦公時間理髮了。」

比爾鎮靜地回答：「是的，先生，你看，我的頭髮都是在工作時間長出來的。」

「不是全部吧，其中一部分是在下班時間內長的。」經理感到十分氣憤。

比爾很有禮貌地回答：「是的，先生，你說得對極了。所以我只剃去一部分而不全部剃掉。」

比爾說的就是稚氣的孩子話。是很幽默的，經理面對比爾的回答哭笑不得，也無法生氣了，當然更談不上去責怪比爾了。

六 近似聯想

幽默家在進行幽默思維時，把兩件表面似乎毫無聯繫的事物牽扯在一起，毫不諧調中產生新的諧調，從而產生幽默，我們不妨把它叫作「近似聯想」。可以說，近似聯想是幽默思維的基本要素，也是創造性思維的重要因素。

俄羅斯有一位著名的丑角演員杜羅夫。在一次演出的幕間休息的時候，一個很傲慢的觀眾走到他的身邊，譏諷地問道：「丑角先生，觀眾對你非常歡迎吧？」

「還好。」

「要想在馬戲班中受到歡迎，丑角是不是就必須具有一張愚蠢而又醜怪的臉蛋呢？」觀眾又傲慢地問。

「確實如此，」杜羅夫回答說，「如果我能有一張像先生你那樣的臉蛋的話，我準能拿雙薪。」

這位傲慢的觀眾的臉蛋同杜羅夫能否拿雙薪本無絲毫內在的聯繫，在這裏杜羅夫卻巧妙地把它們牽扯在一起，從而產生了幽默，對這傲慢的觀眾進行了諷刺。

對人們來講，「近似聯想」可使我們增加彼此間的聯繫，也可以活躍談話氣氛。

有這樣一則幽默對話：

甲：你說足球和水球，哪個球門難守？

乙：我說什麼門也沒有後門難守。

簡略的兩句對話，巧妙地把「守球門」同「走後門」聯繫在一起，抨擊了社會上走後門的歪風邪氣，也提醒那些掌握一定權力的人們要嚴把「後門」關。

要想學習「近似聯想」的技巧十分簡單，你只要在腦子裏排除一般的常規的聯想和其他的聯想，那麼剩下的聯想一般都統稱之為「近似聯想」。這種作法任何人都可以試一試。

最後，我們可以給「幽默思維」做一個簡單的歸納：幽默家總是在諧調的事物中找出不諧調的因素來，敏銳地觀察變幻著的事物中怪異的地方，並用十分自然的口吻說出來，逐漸形成一種習慣就是幽默思維。

培養幽默思維法就是這麼簡單，你稍稍努力嘗試就可以學會，成為一個談吐幽默的人。

第六課：注意語氣

» 語氣像表情一樣，傳達著言外之意，充分表達著言者的內心感情，增強說話的感染力。沒有表情的呆板話音，就像沒有表情的臉一樣令人難以理

解。事實上人們都會有這方面的切身體會。

一　語氣是一種特殊的表情

說話的語氣像臉上的表情一樣，傳達著言外之意，增強著語言的感染力。「人的表情有兩種，一種是表現在臉上的表情；另一種是以說話的方式出現的表情。」這是一位著名的科學家說的話，他說得很有道理。

所謂以說話方式出現的表情，即是說話的語氣，語氣像表情一樣，傳達著言外之意，充分表達著言者的內心感情，增強說話的感染力。沒有表情的呆板話音，就像沒有表情的臉一樣令人難以理解。事實上人們都會有這方面的切身體會。

相反的，沒有語氣的語音不僅令人感到不舒服，往往還使人不知所云，難以聽懂。一個人曾經打電話到某個外商公司去，一位接電話的女性的聲音的確可愛，但接著聽下去就感到不對勁，因為她說話冷漠而商業化，對問題作如下回答：「很抱歉，我們並沒有這種商品……不，我不知道……沒有任何關係……是……好。」真拿她沒辦法。

因為，像這樣的企業都事先準備好了詳細的電話應對表，進入該公司的職員都要能背下來，這樣大家就可以按統一的模式回答問題，到時候就對號入座，照

章行事，按條文背誦一遍。應該說，這種辦法還比較科學，但確實太呆板了，也有損回答問題的效果。

我們平時說話，都是要表達某種思想和感情，說話的語氣，包括聲調、速度、抑揚頓挫、感情修飾等，無不是在增加語言的內容和效果。所謂言外之意，除了從表情上看出來，就是從語氣中聽出來。

好的播音員，不僅音色好，還妙在擅長調整語氣，從而撥動人們的心弦。相反，像上述公司裏的那位女性，儘管聲音好，但宛如機器人發出呆板的聲音時，卻使人感到心煩意亂。

有時，你還會遇到所說的話與心中隱藏的意思剛好相反的情形，這時，你只要仔細地去體會對方的語氣，就能剝開語言的外膜，洞悉對方的真意。

二 說話的速度、語氣與感情變化

說話速度一般能體現人的伶俐與遲鈍，但當人有煩惱或恐懼時，說話速度必然加快。

說話語氣的特徵之一是速度。說話速度快的人多半伶俐而能言善道，說話慢的人多比較遲鈍而木訥。會說話與不會說話，是通常人與生俱來的氣質及平日與人交往中的鍛鍊所形成的，在此且不去談它，這裏需要研究的是異常的說話速度

與深層心理的關係。

比如，平時能說善辯的人，突然變成口吃；或者相反，平時說話不得要領的人，突然說得頭頭是道。這就需注意，是否發生了什麼事情，影響到他們心理的重大變化。

一般人對自己不滿或懷有敵意的人，因為不能交往，說話速度都會不自覺地放慢，甚至讓人感到好像不大會說話。相反，當有人心懷愧意或想要說謊，說話的速度往往會快得嚇人，特別是想取得對方諒解時，不僅速度加快，還會找些話題以圖親近。

曾有一位評論家說：「男人在外面拈花惹草之後回家時往往會突然對妻子滔滔不絕說很多話。」這是很合乎規律的現象。因為一般人在深層心理有煩惱不安或恐懼等感情時，說話速度都會快得異乎尋常，以此自欺欺人，緩和內心的不安與恐懼。

但是，由於沒有冷靜地思考，所以，即使說得滔滔不絕，內容卻空泛無物。倘若女方是個感情細膩的人，必定可以看透他內心很不平靜。

所以，我們在談話過程中要注意對方講話的語氣及說話速度，以瞭解他們的心理。

第七課：因人而異

談話是加強溝通，聯繫主管與員工關係的一條重要樞紐，作為一個下屬，你一定要重視和主管的談話，把握住談話的分寸。要把握住與主管談話的尺度。最好能從以下這幾個方面入手：一．採取主動。二．態度不卑不亢。三．盡力適應主管的語言習慣。四．溝通時選擇適當的時機。五．事先做好談話的準備工作。六．不要向主管稟報沒有把握的事情。

一、與主管溝通的妙招

談話是加強溝通，聯繫主管與員工關係的一條重要樞紐，因此，作為一個下屬，你一定要重視和領導的談話，把握住談話的分寸。要把握住與領導談話的尺度，最好能從以下這幾方面入手。

1 採取主動。

作為下屬，可以積極主動地與主管交談，漸漸地消除彼此間可能存在的隔閡，使上級下級關係相處得正常、融洽。當然，這與「巴結」領導者不能相提並論，因為工作上的討論及打招呼是不可缺少的，這不但能去除對領導者的恐懼感，而且也能使自己的人際關係圓滿，工作順利。

2 態度不卑不亢。

對上級應當尊重，下屬應該明白，主管一般都有強過自己的地方，或是才幹超群，或是經驗豐富。所以，對主管要做到有禮貌、謙遜。但是，絕不要採取「卑躬屈膝」的態度。絕大多數有見識的領導者，對那種一味奉承、隨聲附和的人，是不會予以重視的。

在保持獨立人格的前提下，你應採取不卑不亢的態度。在必要的場合，你也不必害怕表示自己的不同觀點，只要你是從工作出發，擺事實、講道理，領導者一般是會予以考慮的。

3盡力適應主管的語言習慣。

作為一名下屬，你應該瞭解主管的個性。他雖然是領導者，但他首先是一個人，作為一個人，他有他的性格、愛好，也有他的語言習慣，如有些人性格爽快、乾脆，有些人沈默寡言。尤其領導者都有一種統治欲和控制欲，任何敢於侵犯其權威地位的行為都有可能受到報復，還有的主管是有奇特癖好和變態心理的人，你必須適應這一點。

但是你應該明白，讓你去適應他，並不是事事遷就他，不要迷失了自我。

4溝通時選擇適當的時機。

主管一天到晚要考慮的問題很多，你應當根據自己問題的重要與否，選擇適當時機去反映。假如你是為個人瑣事，就不要在他正埋頭處理事務時去打擾他；

如果你不知領導者何時有空，不妨先給他寫張紙條，寫上問題的要點，然後請求與他交談。或寫上你要求面談的時間、地點，請他先約定，這樣，主管便可以安排時間了。

5事先做好談話的準備工作。

在談話時，充分瞭解自己所要說話的要點，簡練、扼要、明確地向領導者稟報。如果有些問題是需要請示的，自己心中應有兩個以上的方案，而且能向上級分析各方案的利弊，這樣有利於領導者做決斷。

為此，事先應當周密準備，弄清每個細節，隨時可以回答，如果領導者同意某一方案，你應儘快將其整理成文字再呈上，以免日後領導又改了主意，造成不必要的麻煩。

要先替領導者考慮提出問題的可行性。有些人明知客觀上不存在解決問題的條件，卻一定要去找領導者，結果造成了不歡而散的結局。

6不要向主管稟報沒有把握的事情。

美國廣告大王布魯貝克年輕時，他所在公司的經理問他：「印刷廠把紙送來沒有？」

他回答：「送過來了，共有五千令。」

經理問：「你數了嗎？」

他說：「沒有，是看到送貨單上這樣寫的。」

經理冷冷地說：「你不能在此工作了，本公司不能要一個連自己也不能替自己作證明的人來工作。」

從此，布魯貝克得到一個教訓：對主管，不要說自己沒有把握的事情。

領導者怎樣傳達口頭指示

領導者對員工下的指示通常都是口頭指示，要想把每一條命令、每一項建議都寫下來是不切實際的，也是不可取的。但員工在執行以口頭方式發出的簡單指示、請求或意見時，經常會出現許多問題，員工經常會誤解領導者的意思。

有時候不論領導者多麼準確地表達，多麼精心地措辭，員工還是會誤解領導的本意。員工的教育背景、生長地域、智力與培訓等等因素，都可能對他們的理解產生一定的影響。這就是為什麼領導者得到口頭回應十分的重要。

作為一個領導者，不要太信任從員工那裏得到的簡短的「是」或點頭這一類回答。他是否完全理解了指示？指示的內容是什麼？如果員工在領悟指示時「不夠準確」，爾後會出現什麼問題？領導會十分震驚地發現，有很多次資訊是被「曲解」了。

領導者對這種不良的結果感到非常失望，而員工卻認為自己是在忠實地遵循

領導者的指示行事，也因此而十分不愉快。

如何減少這種誤解呢？對領導者來說，要具體而準確，任何不周密的陳述都會導致不良的結果。

三 仔細考慮指示的內容

領導者必須認識到，自己所說的每一件事對基層員工來說，都代表著權威。管理層級或職銜越高，其所說的話就越重要。任何大公司的總裁都不會輕易發表評論。

領導者不僅要思考自己打算說什麼，還要考慮別人會如何獲得和理解資訊。甚至還要想到接受者可能做出的反應。當領導者與基層員工對話時，最好之前能用下面這份心理檢查表進行檢查：

1我想要說什麼？

2這一資訊應該告訴給誰？多少人將會受其影響？

3在傳達資訊時，我擁有可靠的事實嗎？

4如何最好地表述資訊使聽者能夠理解？

5他們會在第一次就獲得資訊嗎？資訊需要重複嗎？

6聽者可能做出什麼樣的反應？他們會有不同意見嗎？

7需要對資訊進行「包裝」嗎？

8在下達指示時，是否還需要當場示範？為了進行這種示範需要做些什麼工作？由誰來進行示範？

9接受指示的人需要時間進行練習嗎？要多長時間？

當利用這一心理檢查表時，主管在向員工傳達指示之前，必須先要慎重「構思」他們的口頭資訊與指示。

四　注意談話方式和態度

談話的方式與內容同等重要。用粗聲粗氣或不愉快的語氣傳遞資訊時，聽者所接收到的反應幾乎總是情緒性的。由此領導者可以預料到聽者也會以同樣的方式做出反應。當你以這種方式講話時，聽者必定對你想傳達給他的資訊感到不快。

語調與行為舉止是重要的溝通工具。指令必須傳達得準確果斷。對指令的執行必須毫無疑問。在傳達指示時，員工應該得到一個全面的解釋，要坦率，要允許提問，要聆聽不同意見，不要以自己的資格而自以為是。認真思考來自員工那裏的任何有意義的修改意見，以獲得更理想的結果。

在傳達口頭指示時，領導者還必須事先預料到下屬可能做出的反應。他們會

提出什麼反對意見？如何回答這些反對意見？如何把無聊的抱怨與合理的關心區分開來？是否某個人比別人的抱怨更多？如何讓這個人在會議中處於「中立狀態」？

對領導者來說，試圖向員工灌輸團隊精神也很重要。在對新職工做總結時使用「我們」而不是「你」的稱謂。向員工徵求如何實現目標的建議。領導可以透過親身去做一些沒有人願意做的工作來表明自己對變革的積極態度。

五 選擇好談話地點

在傳遞口頭資訊時應該考慮的一項重要因素是，到底應該在什麼地方傳遞資訊？領導者辦公室是傳遞資訊的最安全場所，這裏是領導者權威的最強象徵。領導者選擇辦公室作為交談地點是十分恰當的：新的指示、程式的變化、需要解決的問題以及對員工進行的批評。

有時，領導者到員工的辦公桌前或辦公室裏交談更為恰當。比如，員工可能擁有進行討論的資料和資料，領導者不希望打斷員工的工作。如果你希望表揚員工或對他表現出特殊的認可，到下屬的辦公室裏或辦公桌前駐足交談是最好的辦法。

如果領導者希望相互之間的交流顯得更隨意。在大廳或飯廳裏碰到員工，也可以向他下達自己的資訊或指令，就好像一切均在不經意的時候發生的。

當需要向很多員工傳達指示或指令時，就需要使用會議室了。在工作區域之外舉行會議意味著不希望受到干擾。

六 批評要因人而異

不同的人由於經歷、文化程度、性格特徵、年齡等的不同，接受批評的承受力和方式有很大的區別。這就要求主管根據不同批評對象的不同特點，採取不同的批評方式。

不同的人對於同一種批評，會有不同的心理反應，因為不同的人，性格與修養都是有區別的。

可以根據人們受到批評時的不同反應將人分為遲鈍型反應者、敏感型反應者、理智型反應者和強個性型反應者。反應遲鈍的人即使受到批評也滿不在乎；反應敏感的人，感情脆弱，臉皮薄，愛面子，受到斥責則難以承受，他們會臉色蒼白，神志恍惚，甚至會從此一蹶不振，意志消沈。

具有理智的人在受到批評時會感到有很大的震動，能坦率認錯，從中汲取教訓；具有較強個性的人，自尊心強，個性突出，「老虎屁股摸不得」，遇事好衝動，心胸狹窄，自我保護意識強，心理承受能力差，明知有錯，也死要面子，受

不了當面批評。

針對不同特點的人要採用不同的批評方式，對自覺性較高者，應採用啟發做自我批評的方法；對於思想比較敏感的人，要採用暗喻批評法；對於性格耿直的人，採取直接批評法；對問題嚴重、影響較大的人，應採取公開批評法；對思想麻痺的人應採用警示性批評法。在進行批評時忌諱方法單一，死搬硬套，應靈活掌握批評的方法。

正確的批評要求細密周到，恰如其分，普遍性的問題可以當面進行批評，對於個別現象就應個別進行。另外，也可以事先與之談話，幫他提高認識，啟發他進行自我對照，使他產生「矛頭不集中於我」的感覺，主動在「大環境」中認錯。另外，還要避免粗暴批評。

對下屬的粗暴批評不會產生很好的效果。員工聽到的只是惡劣言語，而不是批評的內容。他們的心中充滿了不服和哀怨。這就使其產生逆反心理而不利於問題的解決。

要學會運用說話智慧的策略，防止只知批評不知表揚的錯誤作法。在批評時運用表揚，可以緩和批評中的緊張氣氛。可以先表揚後批評，也可先批評後表揚。

批評還要注意含蓄，藉用委婉、隱蔽、暗喻的策略方式，由此及彼，用弦外

之音，巧妙表達本意，揭示批評內容，引人思考而使其領悟。萬萬不可直截了當地說出批評意見，開門見山點出對方要害。

在批評時，可以運用多種方法。如：透過列舉分析歷史人物是非，烘托其錯誤；透過列舉和分析現實中的人物的是非，暗喻其錯誤；透過分析正確的事物，比較其錯誤；還可採用故事暗示法，用生動的形象增強對他的感染力；笑話暗示法，透過一個笑話，使他認識錯誤，既有幽默感，又使他不致感到尷尬；軼聞暗示法，透過軼聞趣事，使他聽批評時，受到點影射，也易於接受。

總之，透過提供多角度、多內容的比較，使人反思領悟，從而自覺愉快地接受批評，改正錯誤，這才是我們所關心的問題。

對於十分敏感的人，批評可採取不露鋒芒法，即先承認自己有錯，再批評他的缺點。

態度要謙虛，謙虛的態度可以使對方的牴觸情緒很容易消除，使他樂於接受批評。例如，可以對人這樣批評：「這件事，你辦得不對，以後要注意了。不過我年輕時也不行，經驗少，也出過很多問題，你比我那時強多了。」

有時一些問題一時未弄清，涉及面大或被批評者尚不能知理明悟，則批評更要委婉含蓄。先表明自己的態度，讓下屬從模糊的語言中發現自己的錯誤。但是，也不能一概而論，對嚴重的錯誤，應當嚴厲批評。

另外對於執迷不悟者和經常犯錯誤者，都應作例外處理。要麼是他們改正錯誤，要麼是你不用他們。

七 選擇適宜的時機

批評下屬是每個領導的重要課題。如何在適當時機提出中肯的批評呢？

1 批評需要一定的前提。

首先，批評和接受批評的雙方應該以足夠的信任為基礎，如果無法取得對方的信任，即使所持的見解確實言之有物，見解精闢，卻依然無法令對方折服。

其次，批評者必須有純正的動機和建設性的意見，在批評之前先要確定自己的言行是否有助於對方，而且確能發揮實際效用。有許多批評，經常以「我只是想幫助你」為由，事實上卻為了一己之私。

第三，你和被批評的對象之間有足夠的關係，構成批評的理由，而你又有足夠的時間分析自己的看法。

真理並不是任何人所能壟斷或獨佔的，當我們觀察別人時，總免不了以個人有限的經驗和自己的需求作衡量尺度，難免失之偏頗，最好的辦法就是在提出批評之前，先請教第三方，使你的言論更能切合實際，合乎客觀。

2 時機必須適當。

當一個人心平氣和較能以客觀立場發言時，就是批評的適當時機。假若你心中充滿不平，隨時可能大發脾氣，那麼最好先讓自己冷靜下來，因為過分情緒化的表現，不僅無濟於事，反而有害。

掌握事情發生的時效，在人們記憶猶新之時提出批評。假如你在事情發生幾個月以後才提出來，這時人們的記憶已經模糊，你的批評反容易使對方留下「偏頗不公」的印象。

除了個人的心理狀況外，也要把對方的心理狀況考慮在內。你應該在對方事先已有心理準備，並且願意聆聽的情況下，提出批評。假若對方情緒低落，那麼就等到他恢復冷靜時再說出你的看法。假若對方向你尋求幫助時，你也應該盡可能把事實告訴他。

八 用詞要恰當

「你是騙子」、「你太沒有信用」等話會刺傷對方。只要評論事實即可，即使是對方沒有信用也不能如此當面斥責。

此外，千萬不要否定部屬的將來。「你這人以後不會有多大出息」、「你這樣做沒有人敢娶你」、「你實在不行」……領導是不該說出這樣的話的。需以事實為根據，就事說事，就屬下目前情形而論，不要否定部屬的將來。

應該用具體的事實作例子，最好從最近發生的事情說起，避免做人身攻擊。例如開門見山地說：「你工作不力。」這類批評容易引起對方的不滿，甚至導致衝突；妥當的方法是舉出具體的事實說：「你的報告，比預計的進度慢了兩天。」

九 加入適度的讚美

歐美一些企業家主張使用「三明治」批評方法，即在批評別人時，先找出對方長處讚美一番，然後再提批評，而且力圖使談話在友好的氣氛中結束，同時再使用一些讚揚的詞語。這種兩頭讚揚、中間批評的方式很像三明治這種中間夾餡料的食品，故以此為名。

用這種方式處理問題，即使在對方不明白的情況下也是比較有效的，其優點就在於由批評者講對方的長處，起到了替對方辯護的作用。

對方的能力、為人、工作是否努力等方面有很多可以肯定的地方，批評者如果視而不見，對方可能會覺得不公平，認為自己多方面的成績或長期的努力沒有得到應有的重視，而一次失誤就被抓住，大概是對方專門和自己作對。

而批評者首先讚揚對方，就是避免對方的誤會，表明主管對他的工作的承認，使他知道批評是對具體事而不是對人的，自然也就放棄了用辯解來維護自尊

心的作法。

當我們聽到別人對我們的某些長處表示讚賞之後，再聽到他的批評，心裏往往會好受得多。美國麥金尼一八九六年競選總統時，也曾採用過這種方法。那時，共和黨有一位重要人物替麥金尼寫了一篇競選演說，他自以為寫得高明，便大聲地念給麥金尼聽，語調鏗鏘，聲情並茂。可是，麥金尼聽後，卻覺得有些觀點很不妥當，可能會引起批評的風暴。

顯然，這篇講稿不能用。但是，麥金尼把這件事處理得十分巧妙。他說：「我的朋友，這是一篇精彩而有力的演說。我聽了很興奮。在許多場合中，這些話都可以說是完全正確的。

不過用在目前這種特殊的場合，是不是也很合適呢？我不能不以黨的觀點來考慮它將帶來的影響。請你根據我的提示再寫一篇演說稿吧，然後送給我一份副本，怎麼樣？」

那個重要的人物立刻照辦了。此後，這個人在競選活動中成了一名出色的演說家。

有的領導人認為先講讚揚的話，再批評，帶有操縱人的意味，用意過於明顯，所以不喜歡用。

當然，這種說法也有一定的道理，因為當你將某位下屬找來時，剛開始的表

揚，他可能根本聽不進去，他只是想知道，另一棒會在什麼時候打下來——表揚之後有什麼壞消息降臨。

所以在更多的時候，許多領導人把表揚放在批評之後，當我們用表揚結束批評時，人們考慮的是自己的行為，而不是你的態度。以下是正確、錯誤的兩種說法：

正確：「我相信你會從中得到竅門——只要堅持試一試。」

錯誤：「你最好馬上就改進，要不然就別幹了。」

在批評結束時對下屬表示鼓勵，讓他把對這次批評的回憶當成是促使他上進的力量，而不是一次意外的打擊。

此外，還應該讓對方知道，雖然他屢次在某件事上處理不當，然而你卻尊重他的人格。為了把你的尊重傳達給對方，適度的讚美和工作上的認同是必要的，否則光是針對對方的某項缺失提出批評，容易讓對方感到不受尊重，因而心懷不平。

十 批評必須能達到一定的目的

你所批評的事項，最好是對方可能再犯，而實際上又可以糾正的錯誤。假若同樣的事件或錯誤不太可能再發生，那麼在批評之前，最好先三思而行。

另外，假若對方所犯的錯誤，是他個人所無法糾正或彌補的，那麼你的批評反而有害。

此外，遇到以下的四種情況，也不宜指責犯錯的下屬：

1對方已有悔意。

他主動承認錯誤及保證不再犯，你發覺他態度誠懇，而且一向表現良好，這時你只要向他勉勵幾句，因為你的責備對他起不了作用。

2對方因犯錯給自己帶來不少麻煩。

他正在沮喪和忙於補救中，已經有點筋疲力盡時，你再加倍指責他的不是，可能會引起他的反逆心理。

3對方用意不善。

犯錯純粹為了發洩心中的不快，旨在激怒你並向你挑釁。倘若你立刻指出他的錯誤，實際正中他下懷，他會把早就預備好的嚴詞厲語一併罵出來，不求勝利，只求使你在其他員工前出洋相。

4因私人問題。

如家庭發生事故時，往往使人無法集中精神工作。在這種情況下，如果強迫下屬履行「公而忘私」的宗旨，也會使人覺得不近人情。很多自殺例子中，因工作壓力而自毀的人佔的比率頗高。家庭發生變故，加上領導人的壓迫及指責，很

容易令人精神崩潰，一旦他因此走上自毀的道路，你便可能是間接兇手。

十一 朋友是「談」出來的

擁有一個知心朋友是件非常美好的事情，他（她）可以給你安慰，解除、分擔你的憂傷，與你共用歡樂！

友誼可以依靠金錢、權勢、地位或阿諛奉承來獲得嗎？這當然不能獲得，我們只能以心換心，以真誠換取真誠，以友情換取友情，才能獲得真正的朋友。友情的傳遞，真誠的表達，都離不開交談。朋友是談出來的。

從兩個素不相識的人到相識、相知進而成為朋友，一般要經過三個階段：

陌生人——熟人——朋友。

陌生人階段：彼此剛剛認識，只需就對方的基本情況（如姓名、職業等）或社會熱門話題等進行交談。不能詢問對方的隱私。即使你很想與對方結交，也不要表現得太親熱，否則對方會認為你侵犯了他的空間。

在熟人階段：坐得可稍近一些，談話比較深入，對個人私事略有涉及。老師、同學、同事等大都處於熟人階段。

在朋友階段：與對方的身體接觸較多，談話時握握手、拍拍對方的肩膀等，彼此能夠吐露隱私。

一般來說，朋友大都是由熟人發展而來的。隨著熟人之間交往頻率的不斷增加，交談內容的不斷深入，感情的不斷加深，兩個人最終成了朋友。

十二 朋友交談時注意的問題

朋友之間，無論關係多麼密切，多麼深厚，交談仍然是溝通資訊與情感的主要方式。心理學研究發現，在人們與朋友交往的過程中，許多人都不善於進行建設性的交談，並透過交談過程最有效地交流資訊和增進情感。

研究證實，朋友之間交談存在的問題主要表現在三個方面，一是談話內容不符合對方興趣或不能有效地促使對方進入交談狀況，二是過早、過多地發表評論，三是不能做一個好的聽眾。

朋友進行交談時雙方也是兩個不同的情感和理解基點，有不同的興趣和不同的關注中心。只有在交談過程中，雙方的興趣和關注焦點凝聚成一點時，交談才成為雙方同等進入的過程，才能真正起到有效溝通資訊和增進友情的作用。

談話興趣與關注焦點匯聚是一個漸進的過程，而且需要談話雙方都高度將注意力投向對方，而不是只集中在自己身上。研究證實，談話者過於注意自己，是談話不符合別人興趣和交談中容易出現誤解的首要原因。

這很好理解，如果一個人只想自己的事情，以自己的理解和情感作為唯一的

出發點，那麼自然難以理解別人，難以覺察別人的反應，也不可能調整自己的談話，使其符合別人的興趣。

過早、過多地評論，是朋友交談中另一個容易犯的錯誤。在交談的一般情況下，一個人不可能使自己所有的評論都符合對方的實際情況，並與對方的理解相吻合，這就意味著許多評論可能會傷害對方的情感，特別是否定性的評論，其效果常常是使對方感到別人正借此顯示其高明。

顯然，這種效果對友情是有害的。而且，評論本身會成為一種壓力，使對方不能按照自己的真實想法繼續談話。

心理學家研究發現，與朋友談話時最佳的反饋方式不是評論，而是作描述性的回答，或是以簡短的語言再述對方的談話。

著名心理學家羅傑斯始創的非指導性心理諮詢的主要方式，也是用這種方式造成充分接納對方的氛圍，鼓勵人們談論自己。

大量的心理諮詢實驗證明，這種談話方式尤其有助於雙方信任的建立和情感的融合，是朋友之間特別值得提倡的一種談話方式。

(END)

國家圖書館出版品預行編目(CIP)資料

人生必讀的勵志經典 / 李津編著. -- 初版. -- 臺北市 : 華志文化事業有限公司, 2022.05

面 ; 公分. --(人生必讀經典 ; 3)

ISBN 978-626-95720-6-9(平裝)

1.CST: 成功法

177.2 111005332

華志文化事業有限公司

系列／人生必讀經典03

書名／人生必讀的勵志經典

編　　者　李津

執行編輯　簡煜哲

美術編輯　楊雅婷

封面設計　王志強

文字校對　陳欣欣

企劃執行　張淑勤

總 編 輯　黃志中

社　　長　楊凱翔

出 版 者　華志文化事業有限公司

電子信箱　theway.a1688@msa.hinet.net

地　　址　116台北市文山區興隆路四段九十六巷三弄六號四樓

電　　話　0937075060

總經銷商　旭昇圖書有限公司

地　　址　235新北市中和區中山路二段三五二號二樓

電　　話　02-22451480

傳　　真　02-22451479

郵政劃撥　戶名：旭昇圖書有限公司（帳號12935041）

出版日期　西元二〇二二年五月初版第一刷

書　　號　B103

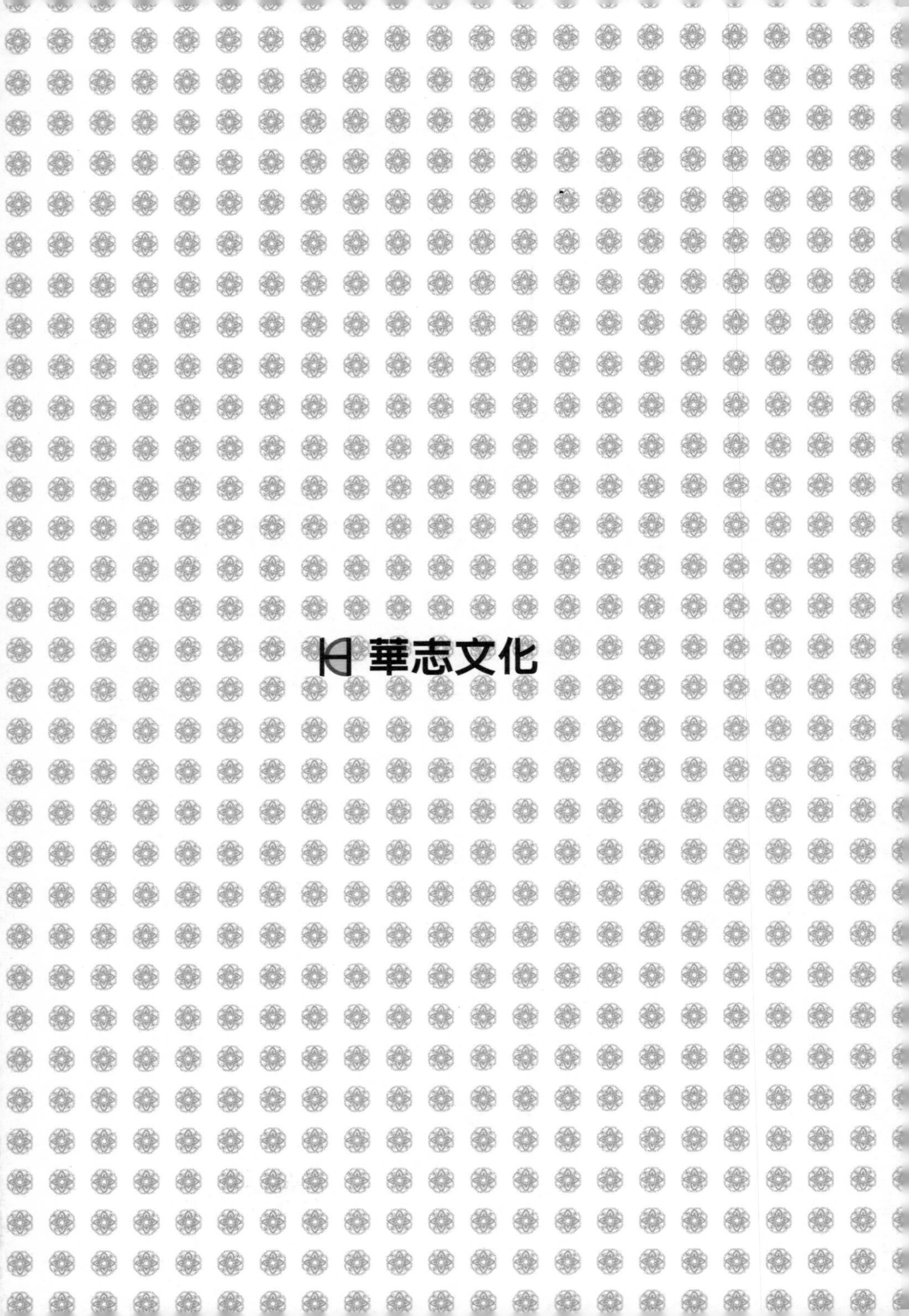
華志文化